Prof. Dr. Astrid Kaiser

Das erste Babyjahr

Prof. Dr. Astrid Kaiser

Das erste Babyjahr

Wie Säuglinge fürs Leben lernen

Alle wichtigen Entwicklungsschritte

Mit vielen wertvollen Tipps

humboldt

Bibliografische Information der Deutschen Nationalbibliothek
Die Deutsche Nationalbibliothek verzeichnet diese Publikation in der Deutschen Nationalbibliografie; detaillierte bibliografische Daten sind im Internet über http://dnb.ddb.de abrufbar.

ISBN 978-3-86910-612-0

Die Autorin: Astrid Kaiser ist Professorin für Erziehungswissenschaften an der Universität Oldenburg und widmet große Teile ihrer Forschungsarbeit der vorschulischen Bildung und Entwicklung. Sie ist Mutter von zwei Kindern und Großmutter.

Originalausgabe

Eine Marke der Schlüterschen Verlagsgesellschaft mbH & Co. KG,
Hans-Böckler-Allee 7, 30173 Hannover
www.schluetersche.de
www.humboldt.de

Lektorat:	Nathalie Röseler, Dateiwerk GmbH, Pliening
Covergestaltung:	DSP Zeitgeist GmbH, Ettlingen
Innengestaltung:	akuSatz Andrea Kunkel, Stuttgart
Titelfoto:	colourbox
Satz:	PER Medien+Marketing GmbH, Braunschweig
Druck:	Grafisches Centrum Cuno GmbH & Co. KG, Calbe

Hergestellt in Deutschland.

Inhalt

Was wollen Sie für Ihr Baby?

Die Frage „Was wollen Sie für Ihr Baby?“ lässt sich auf den ersten Blick ganz einfach beantworten. Nun, zunächst wollen alle Eltern, dass das Baby gesund ist. Das ist in der Tat der wichtigste Wunsch. Aber gleichzeitig antworten viele: „Dass es sich gut entwickelt.“ Und genau das ist der nächste wichtige Wunsch. Aber er erfüllt sich nicht, indem eine Fee wie im Märchen Gutes für das Kind herbeizaubert und schon ist alles gelungen. Die Entwicklung eines Babys ist keine Zauberei, sondern hängt davon ab, was dieser kleine Mensch für Erfahrungen macht. Es ist auch nicht mit dem Wachstum einer Pflanze zu vergleichen, bei der alles im Samen angelegt ist. Denn Menschen können sich sehr vielfältig entwickeln. Beeinflusst wird das durch die Art der menschlichen Wärme, die ein Baby in den ersten Monaten erfährt. Aber auch Anregungen der Umgebung spielen eine große Rolle dabei, wie vielfältig sich die Fähigkeiten eines Säuglings entfalten können.

Letztlich geht es darum, dazu beizutragen, dass dieser kleine Mensch sich selbst bildet und seine vielfältigen Möglichkeiten und Fähigkeiten entfaltet. So gesehen handelt es sich um Bildung schon von Klein auf. Denn Bildung ist für alle Menschen von Anfang an wichtig, nicht erst in der Schule und Hochschule. Bildung ist die in jedem Menschen liegende Kraft, das eigene Leben zu gestalten und sich in der Welt kompetent zu orientieren.

Früher glaubte man, nur höhere geistige Denkweisen machen Bildung aus. Doch mittlerweile wird Bildung generell als Allgemeinbildung verstanden, bei der es um das Wissen und Können fürs Leben geht. Dazu zählt genauso, mit den eigenen Gefühlen umgehen oder das soziale Miteinander positiv bewältigen zu können, wie den Körper flexibel zu bewegen. Ohne Bildung kann sich niemand in der komplexer werdenden Welt orientieren. Bildung ist die Stärkung der menschlichen Kräfte, um mit sich und der umgebenden Welt besser klarzukommen. Dies ist in der Tat für jeden Menschen von hoher Bedeutung.

Wir wissen, dass Bildung lebenslang stattfindet und nie aufhört.

Aber kaum jemand hat darüber nachgedacht, wann Bildung anfängt. Ursprünglich war Bildung für schulisches Lernen reserviert. Immer wenn eine Bildungskatastrophe angesagt ist und eine Bildungswelle die Medien des Landes überschwemmt, dann rückt der Bildungsgedanke von der Schule auch in den vorschulischen Bereich. Es gibt inzwischen etliche Bücher mit Anregungen für naturwissenschaftliche Versuche im Kindergarten, Ministerien legen Bildungspläne für Kindergärten vor, die sich mit Förderprogrammen bei den Eltern in gutes Licht rücken. Mittlerweile ist es nichts Besonderes, wenn Bildungspläne für den Kindergarten veröffentlicht werden.

Aber fängt Bildung tatsächlich erst dann an? Wenn Kinder drei Jahre sind und in den Kindergarten kommen?

Es ist bekannt: Je jünger ein Kind ist, umso mehr lernt es. Deshalb ist es wichtig, gerade in diesen sensiblen frühen Jahren ein breites Angebot zur Anregung der Entwicklung anzubieten. So gesehen wäre es falsch, das Säuglingsalter aus dem Bildungsdenken auszuklammern. Vielmehr könnten die ersten Lebensmonate noch intensiver für die Bildung genutzt werden. Denn gerade in dieser Zeit ereignen sich die größten Entwicklungsschritte eines Menschen. Es ist wissenschaftlich belegt, dass mit vier Jahren bereits ein Großteil der späteren Intelligenz eines Menschen herausgebildet worden ist. Dies spricht dafür, dass Bildungsprozesse gerade zur Herausbildung der Intelligenz viel früher als mit Schule und Vorschule starten müssen. Die Säuglingsforschung wiederum hat gezeigt, wie intensiv die Lernprozesse im ersten Lebensjahr sein können. Im Alter zwischen drei und 14 Monaten bilden sich die meisten Verbindungen im Hirn heraus. Nach den ersten zwei Lebensjahren gibt es eine deutliche Abwärtsbewegung. Das Gehirn braucht gerade ganz früh im intensiven Wachstum Nahrung.

Darum ist es wichtig, sich über die Möglichkeiten einer systematischen Anregung von Kindern in diesem Alter Gedanken zu machen und in die Tat umzusetzen. Allerdings muss deutlich sein, dass Bildung mehr ist als Lernen. Dazu gehört vor allem die Eigenaktivität des lernenden Menschen, der für sich etwas tut. So verstanden, bedeutet Bildung im Säuglingsalter nicht, dem Baby einen Lernfortschritt aufzuzwingen, sondern dass es diese Schritte selbst vollzieht. Damit ist Babybildung also kein technischer Vorgang, sondern

bedeutet vielmehr, dass zeitgleich eine Persönlichkeitsentwicklung einhergeht. Dazu gehört auch, dass sich das Baby seine Bildung in Verbindung mit anderen nahen Menschen und im Schutz von den es begleitenden Erwachsenen aneignet und dass sie für das Baby nachvollziehbar ist und seine inneren Motive anspricht.
Ganz wichtig bei allen Bildungsprozessen des Babys ist es zu sehen, was das Baby will und versucht. Die wahre pädagogische Kunst ist, darauf einzugehen und nicht einfach zu denken, man könne das Baby von außen mit Kompetenzen vollstopfen. Nur was das Kind selbst will und versucht, kann in fruchtbare Bildung münden. Wir erkennen das, wenn das Kind den Körper wendet, die Augen auf etwas richtet, bei zu großen Reizen weint oder die Hände bewegen will. Das Kind geht auf die Welt zu, nimmt dabei Erfahrungen in sich auf und trägt diese weiter in sich. Daraus erwachsen wieder neue Zugriffe auf die Welt, die den Erfahrungsraum erweitern. Ohne das Tun des Babys gibt es keine Bildung. Dabei ist es besonders wichtig, dass die Bewegung des Kindes mit Körper, Beinen und Armen in seiner Bedeutung für Bildung geschätzt wird, denn durch Bewegung wird die Wahrnehmung entwickelt. Bewegung ist der Weg zur Welt und zum Begreifen der Dinge in der Welt. Untersuchungen haben gezeigt, dass durch Bewegung beim Lernen alles viel intensiver gelernt wird. Bildung wächst daher mit dem Anregungsreichtum der Umwelt, die zur Erfahrungswelt des Kindes wird, aus der wiederum die weiteren Lernmotive des Kindes entstehen.

Das Spiel des Kindes ist somit der erste Bildungsprozess. Aus dem Spielen entwickeln sich Erfahrungen, aus den Erfahrungen erwächst Denken. Von daher braucht jedes Kind viel Spielzeit, um zu lernen. Babybildung ist also spielerische Bildung. Sobald Druck und Stress angewendet werden, ist der Selbstbildungsdrang des Kindes beeinträchtigt. Wir können nur Anregungen geben, damit das Spiel vielfältige Wahrnehmungen ermöglicht.

Dabei geht es bei dieser frühesten Bildung nicht nur um die Intelligenz, die einem Menschen das Denken und Verstehen ermöglicht, sondern auch um eine Förderung der emotionalen Intelligenz. Denn zum Leben gehört nicht nur die Fähigkeit genau zu denken, sondern auch vielfältig zu fühlen. Deshalb muss Babybildung auch immer eine zwischenmenschliche Bildung sein. Bloße Spielsachen zum Alleinspielen sind noch nicht ausreichend für Bildung.

Natürlich machen die meisten Eltern spontan sehr viel richtig und sprechen mit ihrem Neugeborenen, schauen es an, nehmen es in den Arm und nehmen es so schrittweise in die Welt auf. Eigentlich müsste es keine systematischen Bildungsanregungen geben. Wenn Eltern sich in Ruhe auf ein Neugeborenes einlassen, fallen ihnen instinktiv die wichtigen Schritte ein. Doch in unserer Welt, die durch Hektik und vielfältige Anforderungen gekennzeichnet ist, ist es nicht leicht, sich ruhig auf ein Kind einzulassen. Da hilft es, Ratgeber zu lesen, um sich die wichtigen, in früheren Jahrhunderten intuitiv erfolgten Reaktionen der Erwachsenen auf einen Säugling systematisch vor Augen zu führen.

Bildung für die ersten Lebensjahre ist nicht neu. In der DDR waren auch für die Krippenerziehung Bildungspläne gültig. Dort ging es nicht nur generell um die gesundheitsfördernden Lebensbedingungen im ersten Lebensjahr, sondern auch um die „Gestaltung eines frohen, inhaltsreichen Lebens in der Gruppe", um den Umgang mit Material, Reimen und Fingerspielen sowie Bewegungserziehung und Musikerziehung als besondere Bildungsbereiche.

In diesem Buch geht es um Babybildung in umfassender Dimensionierung, also auch der Sozialerziehung und der Identitätsförderung. Alle wichtigen Informationen zur Babypflege, zur Gesundheit und zur Ausstattung werden hier aber nicht erwähnt – es sei denn, bestimmte Spielsachen oder Handlungen haben einen besonderen Bildungssinn für das Baby.

Bildungsziele im ersten Lebensjahr

Grundsätzlich gibt es nur ein einziges allgemeines Bildungsziel, nämlich eine allseitig entwickelte Persönlichkeit. Dahinter steckt, dass der Mensch nicht nur in seinem Denken, sondern auch in seinen Bewegungen, Gefühlen, sozialen und emotionalen Kompetenzen und seiner ethischen Beurteilungsfähigkeit so umfassend wie möglich qualifiziert wird. Ein Mensch, der nur gut denken kann, ist nicht lebenstüchtig genug. Ein Mensch, der nur von seinen Gefühlen gesteuert wird, ist nicht in der Lage, kritisch zu überprüfen, wie mit ihm umgegangen wird. Ein Mensch, dessen Körper gut beweglich ist, braucht als Ergänzung die Gefühle und das Nachdenken, um in der Welt gut klarzukommen. Einseitige Entwicklung bringt Spezialisten hervor, die nicht in der Lage sind, das komplizierte soziale Alltagsleben zu bewältigen.

Heute wird eher ein glückliches Leben als Hauptziel von Eltern für ihr Kind genannt. Wenn wir genauer hinschauen, ist dieses Ziel an ähnliche Bildungswege gebunden wie das Bildungsziel einer allseitig entwickelten Persönlichkeit. Der amerikanische Glücksforscher Alan Epstein hält es für wichtig, dass das Kind sich immer wieder in neuen Situationen erprobt und die eigenen Fähigkeiten ausbaut und dass in diesen Erfahrungen positive Seiten gesehen werden. Ob wir Glück oder allseitige Bildung als Ziel haben, es kommt darauf an, dass Kinder sich früh in aktiver Auseinandersetzung mit ihrer Umwelt entwickeln und daran wachsen. Hierzu sollen für die verschiedenen Lebensmonate Bildungsschritte entwickelt werden.

Wichtig ist allerdings bei allen Bemühungen um Anregung des Säuglings, dass das Kind nicht zum Objekt elterlichen Ehrgeizes wird. Lernen muss vom Kind ausgehen und von ihm eigenaktiv getragen werden, damit es nachhaltig ist.

In Japan gibt es landesweite Wettbewerbe, bei denen schon achtmonatige Babys in ihrem Entwicklungsstand verglichen werden. Ich kenne Fälle von Kindern, die bei derartigen Wettbewerben siegreich waren, aber so von ihren Eltern unter Erfolgsdruck gesetzt worden waren, dass sie später durch Verhaltensprobleme auffielen. Genau das ist aber nicht entwicklungsgerechtes Fördern, wenn die Anforderungen massiv auf das Kind einstürmen und Eigenaktivität und Motivation des Kindes zu wenig einbezogen werden.

Die Bildungsziele im ersten Lebensjahr sollten daher die wichtigsten Entwicklungsbereiche umfassen, aber die Babys nicht überfordern, sondern entwicklungsgemäß fordern.

Von daher halte ich Konzepte für sehr problematisch, die regelrechte Lernstunden am Tag für das Baby ansetzen. Die Bildung für das Baby soll eine wechselseitige Beziehung von natürlicher kindlicher Neugier und gezielter Anregung sein. Die Ziele sollen zwar in die Zukunft hineinführen, aber sie sollen sich aus dem Spiel und der Bewegung des Säuglings heraus entwickeln und nicht als reiner Lernkurs abgespalten werden. Nur wenn die Bildungsziele gerade dann verfolgt werden, wenn das Baby selbst auf dem Weg dahin ist, werden sie auch nachhaltig in die Schulzeit hineinwirken. Nicht die Schule soll vorverlegt werden, aber das Spielen und Lernen soll sich früh organisch aus den kindlichen Aktivitäten hin zu den Fähigkeiten entwickeln, die in unserer Gesellschaft für einen allseits entwickelten Menschen wichtig sind.

In der Grundschule wird verlangt, dass Kinder differenziert wahrnehmen können, sie müssen für den Leselehrgang akustisch Laute unterscheiden und sie müssen optisch die häufig ähnlich aussehenden Buchstaben auseinanderhalten können. In der Schule müssen auch Instruktionen sprachlich genau verstanden werden. Viele Kinder haben beim Übergang zur Schule aber Schwierigkeiten bei der Wahrnehmung und beim Verstehen der Sprache der Lehrerin. Manchen Untersuchungen zufolge haben 30 Prozent der Kinder diese Voraussetzungen nicht herausgebildet. Damit diese Fähigkeiten aus dem kindlichen Interesse am Sehen und Hören und Sichäußern schrittweise entwickelt werden, sind immer wieder kindgemäße Anregungen wichtig, die sich aus der Situation ergeben. Kurse welcher Art auch immer würden diese organische Entwicklung unterbrechen.

Aber nicht nur an Wahrnehmung und Sprache sollte sich die frühe Babybildung orientieren.

Ich unterscheide für das erste Lebensjahr diejenigen Bereiche, die sich auch im Kindergarten und in der Grundschule als grundlegende Kompetenzbereiche herausstellen, nämlich:

- Emotionale Stabilität
- Soziale Kompetenz
- Motorisch Kompetenz
- Wahrnehmungsfähigkeit

Zu diesen vier Hauptbereichen der Babybildung gibt es verschiedene Teilziele, die allerdings nicht als „Muss" verstanden werden dürfen, sondern als Denkanregung für die Eltern, sodass sich der folgende Zielkatalog als Orientierung im Hintergrund des Denkens und Umgangs mit dem Säugling ergibt:

Emotionale Stabilität entwickeln

Dazu gehören viele Aspekte, aber insbesondere:

- Vertrauen,
- Sicherheit,
- Lernmotivation,
- Frustrationstoleranz,
- Motivation zu entdecken,
- sich selber kennenlernen,
- nicht von Stereotypen eingeengt werden in der Entwicklung der eigenen Potenziale.

Diese Aspekte sind nicht unabhängig voneinander, sondern gehen teilweise ineinander über. Wenn wir z. B. Vertrauen herausbilden, dann ist das wichtig für das Sicherheitsempfinden und kann auch wieder die Basis für weitere Lernmotivation sein.

Soziale Kompetenz aufbauen

Auch die soziale Kompetenz stellt sich nicht automatisch her, sondern in verschiedenen Beziehungen, dazu gehört:

- andere Personen wahrnehmen,
- intensive Beziehung zu den Hauptbezugspersonen aufbauen,
- kommunizieren.

Die soziale Kompetenz kann vom ersten Lebenstag an entwickelt werden. Wenn der neugeborene Säugling scheinbar teilnahmslos im Arm seiner Eltern liegt, beginnt die erste, diffuse Empfindung einer Gemeinschaft. Diese sozialen Entwicklungen gilt es früh grundlegend aufzubauen.

Motorik fördern

Die Motorik in diesem Alter hat verschiedene Seiten, die besonders entwickelt werden sollten:

- greifen,
- sich seitwärts bewegen,
- sich vorwärts bewegen,
- sich aufrichten.

Auch bei der Bewegung gibt es viele Zwischenformen. Aber in der Regel folgen diese Bewegungsformen aufeinander.

Wahrnehmungsfähigkeit schulen

Die Wahrnehmungsfähigkeit sollte in allen Dimensionen entwickelt werden und nicht nur einseitig in einer, deshalb gilt es, die folgenden Sinne zu entwickeln:

- visuelle Wahrnehmungsfähigkeit,
- akustische Wahrnehmungsfähigkeit,
- Tastsinn,
- Geschmackssinn,
- Geruchssinn.

Gerade bei der Förderung der Sinnesentwicklung werden viel zu oft die Nahsinne wie Schmecken, Tasten oder Riechen vergessen. Den Fernsinnen wie Hören und Sehen wird dagegen mehr Bedeutung beigemessen.
Viele mögen fragen, warum die kognitive Kompetenz, also das Denken und Verstehen, hier nicht gesondert aufgeführt worden ist, denn in der Schule ist dieser Bereich wesentlich, sodass darauf eigentlich zuerst hingewirkt werden müsste. Aber das Säuglingsalter sollte eigentlich auf etwas Größeres vorbereiten, nämlich das Leben. Da ist der komplette Mensch gefragt – und nicht nur sein Kopf. Denn die Fähigkeiten des Menschen zu fühlen, sich zu bewegen und die Umwelt differenziert wahrzunehmen, ist die wahre Grundlage des Lebens.

Wichtig ist und bleibt, dass dieser Plan nicht wie ein schulischer Lehrplan als Pflichtpensum verstanden wird, sondern nur als Orientierung für das eigene Denken und Handeln. Babys sollen nicht einem Kurs mit Übungsstunden ausgesetzt werden, sondern in erster Linie frei und lustvoll spielen und mit den Erwachsenen in ihrer Lebensumgebung zusammenleben. Aber das Wissen um Fördermöglichkeiten sollte helfen, immer dann, wenn es sich durch die Situation und die Motivation der Beteiligten ergibt, Anregungen zu bieten. Wesentlich ist, dass die Erwachsenen schauen, wo das Kind gerade steht, was es beschäftigt und was es gerade erprobt. Der Entwicklungspsychologe Martin Dornes sagt, dass ein gut entwickeltes Baby sich von Anfang an mit seiner Umwelt auseinandersetzt. Gute Pädagogik greift diese Fähigkeit auf und gibt Anregungen, sie weiterzuführen. Ansetzend bei diesen Aktivitäten der Kinder gilt es, erweiternde Impulse zu geben. Wer sein Baby genau beobachtet, erkennt auch, was es gerade lernen will und kann.

Lernprinzipien

Positive Erwartungshaltungen

Ihr Kind ist einmalig. Das lässt sich auch genetisch belegen. Jeder Mensch hat seine eigene genetische Ausstattung. Machen Sie sich dies klar! Dann sind Sie in der Lage, das Kind als etwas Einzigartiges zu sehen. Daraus erwächst eine neue Sicht. Und aus dieser Sicht kann eine positive Erwartungshaltung kommen, dass dieser einzigartige Mensch auch Besonderes kann.

Denn die stärkste Macht in der Erziehung heißt Erwartungshaltung. Sie wirkt heimlich im Hintergrund, niemand kann sie sehen oder gar filmen, doch ist sie da. Sie entspringt dem inneren Denken und Glauben. Das Sprichwort „Glauben kann Berge versetzen“ ist wahr. Wenn wir sehen, wie Barack Obama als Präsidentschaftskandidat ursprünglich mit aussichtslosen Umfrageergebnissen gegenüber seiner Konkurrentin Hillary Clinton durch den Ruf „Yes, we can“ das Denken und Handeln von Millionen Wahlberechtigten bei den Vorwahlen beeinflusst hat, dann zeigt dies, wie die innere Überzeugung, wenn sie sicher nach außen getragen wird, auch reale Veränderungen bewirkt. Auch im Fußball ist in Trainerkreisen das Wissen um die Bedeutung der Erwartungshaltung bekannt. Wenn ein Trainer es schafft, seine Mannschaft vom Sieg zu überzeugen, überträgt sich das auf das tatsächliche Spielverhalten und das erfolgreiche Toreschießen. Denn die positive Erwartungshaltung bewirkt bei allen Spielern eine innere Energie und Sicherheit, siegen zu wollen – und damit auch zu können. Dies klappt allerdings nur, wenn die Überzeugung des Trainers auf die Herzen aller Teammitglieder überfliegt.

Die Bedeutung der Erwartungshaltung ist auch wissenschaftlich belegt. Anfang der 1970er-Jahre wurde von einer groß angelegten Untersuchung in den USA berichtet, welche die Wirkung von Erwartungshaltungen nachdrücklich belegen sollte. Eine große Zahl an Schulklassen wurde im 5. Schuljahr nach Schulleistungen und Intelligenz getestet. Den Lehrpersonen wurde allerdings gesagt, dies sei die Erprobung eines neuen Intelligenzkapazitätstests. Am Schluss der Untersuchung wurden 25 Prozent der Kinder nach Losverfahren ausgewählt und auf eine Liste gesetzt, darunter auch farbige und welche aus Puerto Rico, die sonst eher größere Probleme in der Schule hatten. Den Lehrpersonen wurde nun diese Liste vorgelegt und gesagt, diese Kinder hätten einen besonders hohen Wert im Intelligenzpotenzialtest. Allerdings wurden die Lehrpersonen instruiert, ihr Verhalten auf keinen Fall zu verändern. Nach zwei Jahren kam das Forschungsteam erneut in diese Schulen und untersuchte mit Schulleistungstests und Intelligenztests die vor zwei Jahren überprüften Klassen. Das Ergebnis war frappierend: Tatsächlich waren die Schulleistungen und sogar die Intelligenzwerte der ausgelosten Kinder besser ausgefallen als die vom Durchschnitt ihrer Mitschülerinnen und Mitschüler. Die Erwartungshaltung der Lehrpersonen hat also insgesamt Intelligenz fördernd gewirkt. Passenderweise wurde diese Studie unter dem Titel „Pygmalion im Klassenzimmer" verbreitet. Denn ähnlich wie Dr. Doolittle im Stück von George Bernard Shaw durch die sogenannte sich selbst erfüllende Prophezeiung, die nach Ovid „Pygmalion" genannt wird, Eliza Doolittle die Benimmregeln beibrachte, war auch hier die Erwartungshaltung für den Lernerfolg das Entscheidende.

Leider gibt es auch negative Erwartungshaltungen. Wenn Eltern, Kindergärtnerinnen oder Lehrpersonen den Kindern nicht viel zutrauen, wirkt sich das negativ auf deren Kompetenzentwicklung aus. Deshalb sollten Sie bei Ihrem Baby auf die Kraft der Erwartungshaltung setzen und von Anfang an den Blick auf das positive Können richten.

- Schauen Sie sich das Wunder, das Ihr Kind ist, immer wieder an und genießen Sie es! Wie wunderbar zierlich und differenziert sind die fünf Finger an jeder Hand und die fünf Zehen an jedem Fuß!
- Denken Sie immer wieder daran, wie viel ein Kind in diesem Alter bereits gelernt hat, wenn es nach dem Stress der Geburt schon bald so ruhig und friedlich an der Brust saugen kann!
- Denken Sie daran, dass das Kind im Säuglingsalter in wenigen Monaten lernt, sich zu bewegen und mit gebeugtem Liegen anfängt!
- Glauben Sie an die Fähigkeiten Ihres Kindes! Dann entfalten sich die Fähigkeiten noch mehr!

Es ist erstaunlich, wie viel das eigene Denken ausrichten kann, wenn man nur will. Solche Wege des Umdenkens werden in vielen teuren Kursen von Motivationstrainern angeboten. Man kann auch versuchen, sich selbst das positive Denken beizubringen. Für das eigene Baby lohnt sich dies allemal, denn das kleine Kind profitiert enorm dadurch, dass seine Eltern an seine Fähigkeiten glauben.

Motivation aufbauen

Das menschliche Neugeborene ist – wie es der Wissenschaftler Adolf Portmann ausdrückte – eine physiologische Frühgeburt. Neben Schutz und Behütung braucht es aber auch intensive Hilfe, aus seinen Grenzen herauszukommen. Ein wichtiger Weg zur eigenen Motivation ist die Imitation der nahen Erwachsenen, wie der Eltern, und ihrer Motivation.

Enthusiasmus der erwachsenen Personen überträgt sich auf den Säugling. Wenn wir Musik wichtig finden, werden wir dem Baby das erste Liedchen viel überzeugter vorsingen und damit mehr Wirkung hervorrufen, als wenn wir singen müssen.

Motivation ist im Kind als menschliche Möglichkeit angelegt, es hat Freude daran, die Welt zu erkunden und zu entdecken. Motivation ist die Lust, etwas Neues zu entdecken. Hirnforscher haben herausgefunden, dass im Gehirn Glückshormone ausgestoßen werden, wenn ein Mensch eine unvertraute, beunruhigende Wahrnehmung überwunden hat. Wenn also Dinge nicht zusammenpassen, dann besteht das triebähnliche Bedürfnis, sie zu verstehen. Auch wenn Angst ausgehalten und eine neue Problemlösung gefunden wird, entstehen Glücksgefühle.

Pädagogisch ist es wichtig, die natürliche Entdeckungsfreude aufzugreifen und mit kleinen Anregungen zu intensivieren. Die Dosierung von Kindesinteresse und Anregung ist das Geheimnis der Motivationsbildung beim Kind. Zu viel Anregung führt dazu, dass das Kind diese Reize nicht verarbeiten kann und einfach „dicht macht". Zu wenig Anregung gibt dem Kind nicht genügend Anforderungen, aus dem bisherigen Entwicklungsstand herauszuschreiten.

Vielfach gelingen Lernprozesse nicht, weil der Lernstoff zu fremd ist oder zu viel Stress und Druck für die Lernenden bedeutet. Lernen im Säuglingsalter ist nur dann sinnvoll, wenn der kleine Mensch auch Lust zum Lernen hat. Wenn er von zu starken Außenreizen überwältigt wird, sperrt er sich eher, als dass er aus diesen Reizen Anregungen für die eigene Weiterentwicklung annehmen kann.

Aber auch der Mangel an Anregungen kann Entwicklung abtöten. Der Säuglingsforscher René Spitz hat schon vor Jahrzehnten in einer breiten Untersuchung belegt, wie Kinder in einer anregungsarmen Umgebung abstumpfen und in eine krankhafte Fehlentwicklung hineingeraten.

Der wichtige Weg ist ein harmonisches Verhältnis zwischen kindlichem Wollen und Anregungen von außen, die das Kind nicht überfordern, aber gleichzeitig neue bewältigbare Anforderungen stellen.

Eigenaktivität der Kinder ausbauen

Wir wissen alle aus der eigenen Schulzeit, dass das Eintrichtern von Wissen wenig erfolgreich ist. Es gibt das Sprichwort: „Zu einem Ohr rein, zum anderen wieder raus." Wenn Lernen wirklich nachhaltig sein soll, müssen die Lernenden das neue Wissen oder Können auch selber erarbeiten. Eigenaktivität ist wichtig für das Lernen. Aber es muss gezielte Eigenaktivität sein. Diese entwickelt sich durch neue interessante Anregungen von außen, die das Kind wirklich bewegen. In der Montessoripädagogik nennt man das die „vorbereitete Umgebung", die das Kind zu eigenaktivem Umgang mit den Lernmaterialien anregen soll. Die Lerndynamik setzt nur ein, wenn der lernende Mensch aktiv auf die Dinge der Umgebung zugeht oder zugreift. Deshalb ist nur das lernförderlich, was an den schon angefangenen Aktivitäten und Interessen des Kindes ansetzt. Zu beobachten, was das Kind sich selbst gerade für eine Entwicklungsaufgabe gesetzt hat, ist der zentrale Weg, um herauszufinden, in welchem Bereich Förderung sinnvoll ist. Die Entwicklung des Kindes läuft nicht von allein und isoliert, sondern immer in Auseinandersetzung mit der Umwelt. Kinder brauchen deshalb Anregung von außen, um sich mit der Welt auseinanderzusetzen und dabei aktiv zu lernen. Dies gilt für alle Altersstufen und auch für das Lernen von Säuglingen.

Die Anregungen müssen aber so gestaltet sein, dass das Neugeborene sie wahrnehmen und interessant finden kann. Für die erste Woche eignen sich deshalb Objekte, die eine klare Form haben und rot sind. Die Farbe Rot ist die erste, die ein Baby erkennt, gefolgt von Gelb als Kontrastfarbe. Im Laufe des ersten Monats lernen fast alle Babys, rote Dinge genau anzuschauen, viele können auch rote Gegenstände mit den Augen verfolgen. Deshalb lohnt es sich, ein Mobile mit roten Figuren in Sichtweise über dem Bettchen anzubringen. So bekommt das Kind immer wieder Anforderungen, wenn der rote Gegenstand – ob Haus, Vogel oder Stern – sich bei leichtem Luftzug bewegt und plötzlich an einer anderen Stelle wieder zu finden ist.

Die Eigenaktivität wird durch Interessantes angeregt. Das kann das Gesicht von Vater oder Mutter sein, das kann auch eine rot-gelbe hölzerne Glocke sein oder ein roter Luftballon über dem Wickeltisch. Wichtig ist, dass es durch Bewegung seine Lage verändert und damit Aufmerksamkeit beim Neugeborenen hervorruft.

Auch Geräusche können faszinieren und das Baby bewegen, sich dahin zu orientieren, wo der Klang herkommt. Das kann z. B. ein Klangwindspiel an der Eingangstür zur Wohnung sein oder ein hell tönendes Glöckchen. Im Laufe des ersten Monats lernen fast alle Säuglinge, die Augen hin zur Klangquelle zu richten. Diese Fähigkeit kann auch schon vorher ausgebildet werden, damit das gezielte Hören von Anfang an differenzierter wird.

Auch das Greifen lernen die Kinder in den ersten beiden Monaten. Irgendwann schaffen sie es, sich von der starren Fausthaltung der Neugeborenen der Dingwelt mit der Hand zu öffnen. Nicht umsonst heißt es „begreifen“, wenn wir vom Verstehen reden. Denn kleine Kinder entdecken die Welt dadurch, dass sie etwas in die Hand nehmen, ertasten und erfühlen – also schrittweise begreifen. Wenn sie schon eher zum Greifen angeregt werden, etwa durch attraktive, klar geformte rote Greiflinge, haben sie mehr Zeit gewonnen, um sich früh intensiv mit verschiedenen Dingen eigenaktiv zu beschäftigen. Denn nur wenn ein Kind eine Sache begreifen will, kann es sie verstehen. Ohne das eigenaktive Zugreifen in der Dingwelt ist das Lernen nicht möglich. Solange dies lustvoll und motiviert erfolgt, ist der Lernerfolg sicher.

Eigenaktivität ist der Motor des Lernens und muss vom Baby auf mehreren Ebenen entwickelt werden: über die Hände, um Dinge zu begreifen, den Körper, um sich der Umwelt anzunähern und die Sinne, um die Außenwelt besser wahrzunehmen.

Immer einen Schritt voraus: „Zone der nächsten Entwicklung“

Eine wichtige Lerntheorie – die Tätigkeitstheorie von Lew Vygotsky und anderen – sagt, dass ein Mensch besonders gefördert werden kann, wenn ihm immer wieder Anregungen gegeben werden, die schon der nächsten Entwicklungsstufe entsprechen.

Wenn ein Säugling kurz davor ist, sich durch Robben vorwärts zu bewegen, bereits die Arme vorstreckt und sich auf den Unterarm stützt, dann ist das die geeignete Phase, dieses „Fastkönnen“ des Robbens zu fördern. Eine Möglichkeit ist, ein besonders beliebtes Spielzeug ein wenig außer Greifweite vor das Kind zu legen, damit es Motivation entwickelt, sich selbst darauf zu zu bewegen, um das Spielzeug zu ergreifen. So lernt es aus sich heraus, aber durch die Anregung gefördert, etwas früher die in der Entwicklung als nächstes kommenden Fähigkeiten und kann diese viel besser ausbauen und so sein Können erweitern.

Dieses schrittweise Voranschreiten grenzt sich von zwei Fehlformen ab: erstens von der Druckvariante, bei der Leistungsforderungen an das Kind herangetragen werden, ohne zu schauen, wo das Kind steht, und zweitens von der Selbstzufriedenheitsvariante, bei der dem Kind der Istzustand sehr leicht gemacht wird und es daher nicht durch Anregung weitergebracht wird. Aber gerade der Widerspruch zwischen Bedürfnissen und den konkreten Bedingungen bewirkt eine innere Entwicklungsdynamik beim Kind, die nachhaltiges Lernen ermöglicht.

Es kommt dabei darauf an, dass der Rahmen, den wir als Eltern und Erziehende den Babys setzen, immer im Bereich des Erreichbaren liegt. Wenn das Kind zu wenig gefordert wird, fehlen ihm Entwicklungsanreize, wenn zu viel von ihm verlangt wird, ist es überfordert. Dies gilt für die Denkentwicklung genauso wie für die moralische Entwicklung. Wenn dem Kind zu viele Entscheidungsfreiheiten gegeben werden, weiß es nicht, was es tun soll. Wenn dem Kind zu viel vorgeschrieben wird, verliert es die Lust. Die Lernum-

gebung und die Rahmen, die wir dem Kind geben, müssen immer seiner Entwicklung gemäß strukturiert sein. Deshalb ist es sehr wichtig, genau zu beobachten, bei welcher Entwicklungsaufgabe sich das Kind gerade befindet.
Die Eltern sollten ihm dabei mit ihren Anregungen den nächsten Schritt anbieten, aber keinesfalls Meilen voraus sein. Die Dosierung aus Anregung und Förderung ist das Geheimnis einer effektiven Entwicklungsunterstützung. Dies gilt für das Erkunden der umgebenden Welt mit den Augen und dem Fühlen in der ersten Zeit, wie auch beim Entdecken der räumlichen Umgebung durch Krabbeln in den späteren Monaten.
Wenn man das Kind in seinen Handlungen und Gefühlsregungen genau anschaut, wird man intuitiv erkennen, in welchem Bereich die nächste Entwicklung erfolgt.

Bildung in der ersten Lebenswoche

In diese erste Woche fallen die Zeit des Klinikaufenthalts und die Rückkehr nach Hause, in der Regel nach meist drei Tagen im Krankenhaus. Diese Zeit ist durch viele Umstellungen geprägt. Aber der neue Erdenbürger sollte im Mittelpunkt stehen. Ihr Baby anzusehen, es in den Arm zu nehmen oder auf den Bauch zu legen, es zu stillen und eine wohlige Atmosphäre zu bieten, sind am wichtigsten. Dabei kommt es natürlich auch darauf an, dass die Mutter wohlauf ist und der Vater Zeit hat, das neue Glück zu erleben. Nur wenn die Hauptbezugspersonen innere Kraft haben, kann sich auch das Kind gut entwickeln.

Wichtig ist, dass man das Baby nicht als völlig unfertiges Wesen betrachtet. Es hat schon viele Monate Entwicklung im Mutterleib hinter sich. Die Säuglingsforschung zeigt, dass Babys nach der Geburt das Verhalten fortsetzen, dass sie schon bei Ultraschalluntersuchungen ab dem 5. Monat gezeigt haben. Neugeborene sind also nicht Lernanfänger, sondern „Könner“. Sie haben sich bereits mit ihrer Mitwelt auseinandergesetzt. Schon vor der Geburt haben Stimmungsschwankungen der Mutter Einfluss auf das ungeborene Kind, wie die Forschung zur vorgeburtlichen Entwicklung deutlich belegt hat.

Urvertrauen anbahnen

Das Wichtigste für die Persönlichkeitsentwicklung des Säuglings ist das Urvertrauen. Dieser Begriff wurde von dem Psychologen Erik Erikson geprägt. Urvertrauen bedeutet, dass das Kind sich auf diffuse Weise sicher ist, dass es in dieser Welt gut versorgt wird. Dazu ist es erforderlich, dass das Kind im ersten Lebensjahr auch die reale Erfahrung macht, geborgen zu sein und seine Bedürfnisse erfüllt zu bekommen. An erster Stelle ist es wichtig, dass Menschen um das Baby herum sind, die bereit sind, es zu versorgen. Das neugeborene Menschenkind ist – anders als manche Tiere – bei der Geburt noch nicht in der Lage, sich selbst zu helfen. Es ist fundamental auf die Hilfe der Erwachsenen oder auch größerer Geschwister angewiesen. Ihre Anwesenheit allein gibt ihm schon das Gefühl, in Obhut zu sein. Aber es müssen auch andere Bedürfnisse gestillt werden: Das Kind braucht zunächst Muttermilch, später Essen und Trinken. Es braucht die Befriedigung des Saugbedürfnisses, auch wenn die Mutter aus bestimmten Gründen nicht stillen kann und Ersatznahrung gegeben werden muss.

Überhaupt: Besonders Neugeborene brauchen wohlige gleichmäßige Temperaturen. Sie waren neun Monate in konstanter Wärme in der Gebärmutter und können sich nicht sofort auf die verschiedenen Temperaturunterschiede in der Außenwelt einstellen. Deshalb muss dafür gesorgt werden, dass Kleidung und Raumtemperatur schön warm sind, damit sie sich auf dieser Welt wohlfühlen können. Denn im Mutterleib hatte das Kind automatisch alles:

Wärme, sofortiges Stillen des Ernährungsbedürfnisses und intensiven Körperkontakt mit dem Mutterleib. Dieses Aufgehobensein und das Gefühl des Versorgtwerdens müssen auch nach der Geburt gegeben sein, damit das Kind in der Lage ist, sich nach außen zu wenden und sich zu bilden, indem es sich mit seiner Umwelt auseinandersetzt.

Aber über die Grundversorgung mit Kleidung, wärmenden Decken, Essen, Trinken und frischer Atemluft hinaus, gibt es noch viel zu tun, um bei einem Neugeborenen das Urvertrauen zu stabilisieren. Denn das bildet sich auch auf der emotionalen Ebene aus. Hier kommt es darauf an, dass das Neugeborene sich von früh bis spät geborgen fühlt. Hierin liegt das Fundament für jeden weiteren Bildungsschritt. Denn Bildung kann sich nur entwickeln, wenn sich das Kind mit seiner Außenwelt auseinandersetzt. Um Emotionen zu lernen, muss das Baby jedoch in einem geschützten Raum leben. Wenn das emotionale Gerüst eines Kindes erschüttert ist, kann sich daraus nur schwer Denken entwickeln.

Geborgenheit erfährt das Kind besonders durch den Kontakt mit der Haut. Wenn Vater, Mutter oder andere Menschen ganz sacht und sanft die Hand über das Köpfchen des Neugeborenen legen, dann ist der erste Schritt getan, ein stabiles Urvertrauen auszubilden. Wenn der schützende Arm der Eltern um den kleinen Körper gelegt ist, dann kann es sicher ruhen und entspannt wieder aufwachen.

Bei den Yámana, einem der Ureinwohnervölker Feuerlands, wurde das Baby nach der Geburt sehr intensiv gestreichelt.

Sicher in Mutters Arm.

Dies geschah mit der Vorstellung, man müsse seinen Körper mit den Händen formen. Damit wurde nicht nur Wärme in der unwirtlichen klimatischen Umwelt gespendet, sondern auch die Notwendigkeit intensivster Hautkontakte praktisch umgesetzt.

Neben dem Geborgensein ist es zudem wichtig, dass das Kind in seinen eigenen Gefühlsäußerungen gesehen wird. Es kommt auf kleine Signale des Säuglings an, die dann richtig verstanden werden müssen, ob es Hunger, Wohlgefühl oder die Suche nach Wärme sind, die das Baby zum Reagieren gebracht haben. Wichtig ist, dass der Erwachsene entsprechend angemessen reagiert.

Bildungsschritte beim Weg in die Außenwelt: Urvertrauen lernen

Alle psychologischen Bücher über das Säuglingsalter betonen, wie wichtig das Urvertrauen ist. Damit ist gemeint, dass das Baby sich ohne Sorgen in seiner Umgebung aufgehoben fühlt. Ohne das Urvertrauen gibt es keine gute Entwicklung. Aber es ist sehr einfach herzustellen, dazu genügen Schritte wie die folgenden:

- Seien Sie nahe bei Ihrem Kind!
- Geben Sie dem Kind den Genuss, gestillt zu werden, und genießen Sie als Mutter dieses faszinierende Erlebnis!
- Zeigen Sie Ihrem Kind immer wieder Ihr vertrautes Gesicht!
- Lassen Sie sich Zeit, das Kind anzusehen!
- Genießen Sie das faszinierende Gesicht Ihres Kindes!
- Atmen Sie nahe am Gesicht des Kindes!
- Lassen Sie das Neugeborene auf Ihrem nackten Bauch liegen!
- Lassen Sie Ihr Kind Ihre Herztöne hören!
- Reagieren Sie auf die Äußerungen Ihres Kindes!

Alle diese Situationen sind Ihnen sicherlich nicht fremd. Aber es kommt darauf an, ihren Wert für die Entwicklung des Kindes zu schätzen und öfter zu praktizieren. Je intensiver solche Erfahrungen sind, die Urvertrauen anbahnen, umso intensiver und stabiler entwickelt sich das Urvertrauen Ihres Kindes.

Kommunikation eröffnen

Sprechen und Denken hängen eng zusammen. Die Sprache der Eltern, älterer Kinder und anderer Bezugspersonen ist unerlässlich für das Kind. Mit ihr wird das Baby in die soziale Welt aufgenommen. Es erfährt, dass es ein Partner ist. Die Sprache eröffnet dem Baby das soziale Miteinander. Der Klang der Sprache wird schon früh vermittelt. Nach neuesten Forschungen nehmen Babys schon vor der Geburt bestimmte Muster wahr. So schreien französische Neugeborene anders als deutsche.

Akzeptieren Sie auch die Äußerungen Ihres Kindes! Kommunikation ist immer eine zweiseitige Angelegenheit. Es kann durch Schreien und Körpersprache auf die eigenen Bedürfnisse aufmerksam machen. Wenn das Kind schreit, sollten Sie nicht in Panik geraten, sondern sich und das Neugeborene fragen, was ihm fehlt. Fragen Sie wörtlich und echt: „Was möchtest du? Brauchst du eine warme Decke?"

Die wahrscheinlichsten Antworten eines Säuglings sind:

- „Ich brauche Milch."
- „Ich brauche Schlaf und Ruhe."
- „Ich fühle mich nicht wohl."
- „Ich möchte was erleben, mir ist es zu langweilig."
- „Mir ist es zu warm."
- „Mir ist es zu kalt."
- „Ich möchte aufgenommen werden."
- „Ich möchte Zuwendung spüren."

Da Neugeborene sich noch nicht präzise ausdrücken können, sondern einfach weinen, müssen wir die Bedürfnisse erahnen und erraten.
Manche Neugeborenen schreien aber trotz schützender Kleidung, Gestilltwerdens, Anregung, Ruhe und wohliger Zuwendung. Wenn alles getan worden ist, um auf das Schreien zu antworten, wiederholen Sie noch mal alle Möglichkeiten. Vielleicht sind ja auch nur mehrere Bedürfnisse gleichzeitig aufgetaucht. Wenn das Weinen trotz aller Versuche weiter geht, warten Sie freundlich unterstützend ab und streicheln Sie das Neugeborene öfter, bis es müde ist. Drei Stunden langes Schreien ist durchaus normal. Ihr Kind will Ihnen etwas mitteilen. Das Schreien ist wichtig, damit die Sprachentwicklung Ihres Kindes aufgebaut werden kann. Es darf also nicht negativ interpretiert werden. Im Gegenteil: Jede Aktivität des Kindes ist ein Anreiz für die weitere Entwicklung und zeigt, dass Ihr Kind ein eigenständiger Mensch mit eigenem Willen ist.
In den meisten Fällen ist die Kommunikation zwischen dem Neugeborenen und den es begleitenden Erwachsenen weniger anstrengend. Oft geht es um ganz simple alltägliche Situationen. Aber gerade dann ist es wichtig, dem Kind Orientierung für seine soziale Entwicklung zu geben. Wichtig ist bei der ersten Kommunikation, dass Sie Ihr Baby als Gesprächspartner ernst nehmen und ihm gewichtige Informationen anvertrauen wie „Dieses ist eine Stoffmaus“ oder: „Das Schaffell finde ich schmuseweich.“

Bildungsschritte für das erste soziale Lernen

Die wichtigste Anregung für soziale Kontaktaufnahme ist die warme, weiche Mutterbrust. Aus der Gemeinsamkeit des Stillens und Gestilltwerdens erwächst das soziale Miteinander. Wichtig ist, dass Sie mit Lust und Freude auf das Kind reagieren können. Dann kommt bei Ihnen von alleine der Wunsch, weiter mit ihm in Kontakt zu treten. Aus dieser sozialen Erfahrung entwickelt sich schrittweise das soziale Können Ihres Babys.

Es ist aber auch möglich, weitere gezielte Anregungen für das soziale Lernen schon in der ersten Lebenszeit zu geben:

- Sprechen Sie, wenn Sie mit dem Baby zusammen sind! Das können ganz einfache Sätze sein wie: „Ja, meine Kleine, ich bin da" oder „Ich bin deine Oma." „Heute hast du eine warme Hose an."
- Begleiten Sie das, was das Baby macht, mit Worten! Seien Sie wie ein verständnisvoller Kommentator oder eine verständnisvolle Kommentatorin. So geht es: „Du willst jetzt trinken." „Jetzt guckst du zum Bild." „Du bist ein wenig müde."
- Unterstreichen Sie das, was Sie gesagt haben, immer wieder durch Gesten, Zeigen oder Berührungen! So können Sie über die weiche Oberfläche des Stramplers streicheln, wenn Sie von der warmen Hose sprechen. Wenn Sie sich als die Oma vorstellen, nicken Sie dabei! Wenn Sie seine Müdigkeit kommentieren, können Sie Ihren eigenen Kopf ein wenig seitlich legen.

- Lächeln Sie Ihr Kind an! Sie werden erstaunt sein, dass das Lächeln später vom Säugling erwidert wird. Ein lächelndes Gesicht löst Lächeln aus.
- Lächeln Sie aber nicht künstlich, sondern nur dann, wenn Ihnen danach zumute ist! Das Kind hat im Gehirn sogenannte Spiegelneurone und kann genau das nachmachen, was es wahrnimmt, und es sollte vor allem echtes Lächeln nachmachen.
- Sprechen Sie Ihr Kind von Anfang an mit seinem Namen an!

Auch wenn Sie es nicht glauben, das Lernen des Kindes beginnt schon im Mutterleib. Achten Sie darauf, dass Sie das Kind nie überfordern. Aber geben Sie ihm, so lange es Ihnen und dem Kind Spaß bereitet, Anregungen.

Wahrnehmungsfähigkeit eröffnen

Die Wahrnehmungsfähigkeit des Körpers bildet sich bereits während der Schwangerschaft aus. Schon in der 15. Woche kann der Fötus Hautberührungen und Gleichgewichtsveränderungen empfinden. Diese Wahrnehmungsfähigkeit über den Körper bringt das Kind bei der Geburt mit auf die Welt. Schon mit drei Tagen beginnt der Säugling, seine Welt um sich herum zu entdecken. Dies geschieht umso besser, je weniger der Säugling mit inneren Problemen befasst ist. Wenn seine Bedürfnisse befriedigt sind, kann sich der Wahrnehmungsapparat nach außen wenden – und zwar vom Kind eigenaktiv gesteuert. Deshalb sollten dosierte Reize geboten werden – besonders in den Bereichen Licht- und Geräuschwahrnehmung. Aber diese Reize dürfen nicht zu grell und schrill sein, sonst überfordern Sie das Baby und es schreit aus Protest. Also sollte nicht sofort das grelle Sonnenlicht am Fenster gezeigt oder eine Blaskapelle ans Wochenbett geordert werden. Aber sanfte Meditationsmusik oder das gedämpfte Licht eines Fensters mit Gardine oder einer vom Lampenschirm bedeckten Glühbirne bieten schon früh Punkte der Aufmerksamkeit. Wichtig ist, dass das Neugeborene geborgen und warm ist.

Wenn es an Grundbedürfnissen nicht mangelt, ist der Weg zur Wahrnehmung der Welt offen und kann leichter beschritten werden.

Geborgenheit bei Mama und mit weichen Decken.

Bildungsschritte für die Körperwahrnehmung

Wenn man sich selbst genug spürt, kann man auch nach außen die Welt erspüren. Von daher sind alle Impulse wertvoll, die dem Baby helfen, sich selbst wahrzunehmen. Dazu sind alle zarten Berührungen der Haut kostbare Erfahrungen für die kleinen Neugeborenen. Wichtig ist, dass diese Berührungen direkt die nackte Haut anregen. Dazu muss der Raum warm genug temperiert sein, damit keine Gefahr des Auskühlens droht. Denn in den ersten Lebenstagen können Kinder gegen Kälte noch keine körpereigene Regulierung einsetzen. Sie würden viel Energie verlieren, wenn der hilflose kleine Körper einer Unterkühlung ausgesetzt ist. Aber wenn die Bedingungen im Raum stimmen, dann ist jede direkte Hautberührung an diesem kleinen zarten Körper von hohem Wert.

Es lassen sich schon in dieser frühen Zeit verschiedene Anregungen geben, wie z. B.:

- Schauen Sie das Kind genau an und versuchen Sie zu deuten, was es mit dem Körper zu sagen versucht! Die Impulse, die vom Kind ausgehen, sind die wichtigsten Motoren seiner Entwicklung. Mal will das Kind Wärme spüren und dicht an Ihrem Körper sein, mal will es einfach Bewegung des Körpers erleben und geschaukelt werden. Je mehr Sie auf das Baby achten, umso mehr werden Sie seine Körpersprache verstehen lernen. Antworten Sie darauf!
- Wechseln Sie die Lage des Kindes, von Kopflage nach links zu Kopflage nach rechts, von Rückenlage zu Bauchlage!

Allerdings sollte die Bauchlage beim Schlafen vermieden werden. Mittlerweile ist festgestellt worden, dass Fälle plötzlichen Kindstods gehäuft bei Bauchlage auftreten.

- Streicheln am nackten Arm.
- Streicheln am nackten Bein.
- Streicheln über den Bauch.
- Streicheln am unbekleideten Rücken.
- Lassen Sie das Kleine am Finger seines Vaters saugen!
- Geben Sie Ihren Finger in die kleinen Händchen und lassen Sie das Baby diesen mit dem Handgreifreflex ergreifen! Auch andere Objekte wie farbige Seidentücher um Ihren Hals gelegt sind für ein Neugeborenes Anregung zum Greifen. Lassen Sie dies zu! Aber streicheln Sie nach einiger Zeit auch wieder den Handrücken, damit das Baby lernt, die Faust zu öffnen und mit geöffneter Hand sich bald der Umwelt aktiv zuzuwenden.
- Geben Sie der Hand Ihres Kindes viele verschiedene Berührungserfahrungen! Damit knüpfen Sie an ein vorgeburtliches Spiel an, denn im Uterus haben Kinder die eigene Hand als einziges und erstes Spielzeug.
- Lassen Sie Ihr Kind zwei Menschen gleichzeitig mit ihren verschiedenen Körpergeräuschen und -gerüchen spüren!
- Berühren Sie den Kopf Ihres Kindes mit dem Daumen, mit der offenen Handfläche, mit den Fingerkuppen!
- Tippen Sie mit einem Finger auf sein Ohr, seine Wange, seine Stirn, sein Kinn!
- Geben Sie dem Kind zuerst die warme, weiche Mutterbrust, aber darüber hinaus auch ein weiches Objekt, wie

ein Tier aus Fell, zum Spüren! Denn es kann Weiches erkennen. Dazu ist wichtig, eine weniger weiche Sache, wie ein Umrandungskissen, anzubieten. So kann das Kind immer wieder die Kontraste weich und hart erfühlen.

- Tragen Sie das neugeborene Kind oft auf dem Arm und schaukeln und wiegen Sie es regelmäßig!
- Lassen Sie Ihr Kind in der Luft kreisen und heben Sie es mal hoch und mal runter – möglichst rhythmisch! Denken Sie daran, dass es vor der Geburt auch schon Erfahrungen damit hatte, Purzelbäume zu schlagen oder einfach hin und her zu schwingen, ohne an die Schwerkraft der Erde gebunden zu sein.
- Lassen Sie das Kind verschiedene Stellen Ihres Körpers in Ruhe erspüren! Dann erfährt es weiche Teile wie Ihren Bauch oder die Mutterbrust und harte Teile wie die Beckenknochen, Ellenbogen oder Knie. Denn Neugeborene können schon Hartes von Weichem unterscheiden. Wenn es Härte und Weichheit an verschiedenen Körperstellen wahrnimmt, hat es schon ein breiteres Spektrum bezüglich der Entwicklung des Tastsinns gewonnen.

Dies alles sind nur Vorschläge und nicht ein Programm, das abgearbeitet werden muss. Vielmehr kommt es darauf an, dass man weiß, was möglich ist und warum wir dem Säugling diese Anregungen anbieten sollten. Danach haben die Eltern oder andere nahestehende Erwachsene die Wahl, was Sie Ihrem Baby anbieten und was Sie dazu noch selber frei erfinden wollen.

Bildungsschritte für den Hörsinn

Schon früh kann das Neugeborene hören. In der Schwangerschaft erkennt der Fötus bereits Sprachmelodien. Durch den Filter der Bauchdecke werden höhere Töne aber eher absorbiert, während tiefere durchdringen. Vereinfacht ausgedrückt könnte man sagen: Der Fötus hört seinen Großvater, aber nicht die Großmutter. Mit der Geburt sind plötzlich alle Geräusche und Klänge hörbar. Das ist eine große Reizvielfalt für das Neugeborene. Laute und durchdringende Geräusche erschrecken es allerdings. Achten Sie deshalb auf eine sanfte und klar hörbare akustische Umgebung. Besonders hohe Tonlagen kann das Baby schon kurz nach der Geburt erkennen. Deshalb ist ein Singsang mit Wechsel von hohen und tieferen Tönen besonders anregend. Viele Menschen spüren intuitiv, dass die neuen Erdenbürger besonders auf höhere Stimmlagen reagieren, und sprechen dann „babyhaft“ hoch mit dem Kind.

- Legen Sie das Kind auf Ihren Körper und geben Sie ihm die Gelegenheit, Ihre Körpergeräusche wahrzunehmen!
- Das Kind reagiert schon auf laute Geräusche. Geben Sie ihm die Chance, zwischen Stille und Geräusch zu unterscheiden! Aber achten Sie darauf, dass die Geräusche nicht zu laut sind, sonst reagiert das Neugeborene mit einer Schreckreaktion und streckt ruckartig die Arme von sich. Schrecken führt zur Abwehr und zur Rückkehr in die Reflexhandlungen. Nur mit dosierten Geräuschen kann das Baby auch gern wahrnehmen und dadurch lernen.

- Lassen Sie beruhigende Klänge im Hintergrund ertönen, wie CDs mit Meeresrauschen oder Vogelgesang! Aber schalten Sie diese Geräusche auch wieder aus, damit die Stille und damit der Kontrast zwischen Lautem und Leisem spürbar wird.
- Singen Sie Ihrem Baby kleine Melodien vor! Bleiben Sie vorerst bei zwei verschiedenen Liedern, die Sie immer wieder singen.
- Sprechen Sie ihm kleine Verse vor!
- Erfinden Sie einen kleinen Singsang mit hohen und tiefen Tönen! Ich habe bei meinen Söhnen im Säuglingsalter immer wieder Aufmerksamkeit erzeugt, indem ich sagte: „Schniep, schniep, schniep" (ganz hoch am fast ausgestreckten Arm und unterstützt mit einem Fingerzeichen, bei dem Daumen und Zeigefinger hochgehalten werden und sich schließen und öffnen wie ein kleiner Schnabel) und gleich danach „Wuff, wuff, wuff" (ganz tief und dabei die Faust geballt und den Arm tiefer gehalten).
- Lassen Sie ein helles Glöckchen ertönen!
- Singen Sie dem Baby ein Lied mit seinem Namen vor und wiederholen Sie den Namen! Sie können eine bekannte oder eine selbst erfundene Melodie nehmen. Von Bedeutung ist nur, dass der Name des Kindes in einen sich immer wiederholenden Singsang eingebunden wird.

Wichtig ist, dass Sie an die Hörerfahrungen in der Gebärmutter anknüpfen. Das Schlagen des Herzens der Mutter war ein wichtiger Hörreiz. Rhythmisch sich wiederholende

Klänge können an diese Erinnerungen ein wenig anknüpfen und schaffen Vertrautes wie Neues zugleich.

Bildungsschritte für das Sehen

Das Kind kann schon nach der Geburt einfache Umrisse und Formen unterscheiden. Von daher ist es wichtig, dass es oft das Gesicht seiner Eltern mit den Kontrasten von Augen, Augenbrauen, Haarumrandung und Gesicht zu sehen bekommt. Das Unterscheiden von hell und dunkel gehört zu den frühen Fähigkeiten des Sehvermögens. Da bietet das Gesicht einer Bezugsperson Hilfestellung zum Sehen durch die Gegensätze von hell und dunkel. Auch schwarz-weiße Kreise oder Streifen kann ein Säugling schon erkennen, wenn er auf die Welt kommt.

- Beugen Sie sich immer wieder nah zum Kind herunter!
- Halten Sie das Kind auch öfter in eine senkrechte Position – natürlich bei gut gestütztem Kopf –, damit es die Welt aus neuer Perspektive betrachten kann!
- Licht und Schatten sind die ersten klaren Unterscheidungen. Geben Sie dem Kind die Möglichkeit, diesen Kontrast schon im Krankenhauszimmer zu erfahren!
- Achten Sie darauf, dass das Neugeborene nicht mit Helligkeitsstress vom Sehenwollen abgehalten wird! Dazu gehört Blitzlicht oder strahlendes Sonnenlicht.
- Geben Sie dosiert neue Eindrücke wie das Spüren eines hellen Raumes nach der Rückkehr aus der Klinik!
- Hängen Sie eine große bewegliche Figur mit Helldunkel-Kontrasten über sein Bettchen! Das Pendeln im Luftzug

regt das Sehen an. Es bleibt dieselbe Figur, aber sie verändert die Position. Die Figur dient in der ersten Woche des Lebens schon mal als Vorform eines Mobiles, das Sie später dauerhaft über den Wickeltisch und das Bettchen hängen sollten.

- Zeigen Sie Ihrem Kind ein Bild mit klaren schwarzen und weißen Streifen und drehen Sie dieses Bild vom Querformat zum Hochformat, sodass die Streifen mal vertikal und mal horizontal verlaufen!
- Gehen Sie dicht an ein Aquarium mit Licht, wenn Sie so etwas in Ihrem Bekanntenkreis zur Verfügung haben!

Geben Sie die Anregungen immer in einer bestimmten räumlichen Struktur: die eine Figur also, wenn Sie das Baby auf dem Küchenstuhl im Arm halten, die andere über dem Wickeltisch. Das ist einerseits leichter für Sie, weil Sie die verschiedenen Dinge an einem bestimmten Ort lassen können, andererseits leichter für das Kind, weil es die Welt nach und nach als geordnetes System kennenlernen kann.

Bildungsschritte für das Riechen

Der Geruchssinn bildet sich schon früh aus und ist eine weitere diffuse Möglichkeit für das Kind, sich aktiv mit der Welt auseinanderzusetzen.

Personen, die immer wieder dicht beim Kind sind, können durch den besonderen Körpergeruch, den jeder Mensch ausströmt, ein Gefühl der Vertrautheit unterstützen.

Benutzen Sie möglichst kein Parfüm, damit das Kind Sie nicht nur am Gesichtsschema, sondern auch durch den persönlichen Geruch bald wiedererkennt und nicht durch starke künstliche Gerüche irritiert wird!

Wenn Sie Parfüm benutzen, sollten Sie es sehr schwach dosieren und bei einer Marke bleiben.

Denken Sie daran, dass der kleine Mensch viele Seiten hat und also auch die Fähigkeit, mit verschiedenen Sinnen wahrzunehmen. Der Geruchssinn wird zu oft vergessen. Fernsinne wie das Sehen kommen eher zur Geltung als die Nahsinne wie Riechen und Schmecken.

Bildungsschritte für das Schmecken

Neuere Untersuchungen zeigen, dass durch die Muttermilch verschiedene Geschmacksstoffe aus der Nahrung der Mutter an das Kind weitergegeben werden. Dabei gelangen sie in unterschiedlichem Tempo in die Muttermilch. Bananengeschmack ist schon eine Stunde nach dem Verzehr in der Milch nachweisbar, Lakritzgeschmack nach zwei Stunden, während Minzegeschmack sechs Stunden braucht, ehe er in der Muttermilch zu schmecken ist. Das Schmecken kann zwar in der Anfangszeit noch nicht großartig weiterentwickelt werden – hier überwiegen der Saugreflex und die Notwendigkeit, das Kind mit Muttermilch zu versorgen – doch wir können aus sich herausbildender plötzlicher Abwehr gegen Milch erahnen, dass dies möglicherweise ein Ausdruck der Aversion des Säuglings gegen einen momentan in der Muttermilch vorhandenen Geschmacksstoff ist.

- Stillen Sie Ihr Kind, damit es von Anfang an verschiedene Geschmacksrichtungen kennenlernt! Dazu müssen Sie natürlich selbst abwechslungsreich essen.
- Generell gibt es in den ersten Tagen zwar nur einen Geschmack, der der Beste für das Kind ist: die Muttermilch. Aber auch hier kann der Geschmackssinn entwickelt werden, indem die Mutter dem Kind in Ruhe und genussvoll die Milch gibt.

Für alle Anregungen gilt aber, dass sie nur dann wirksam sind, wenn es für beide Seiten eine lustvolle Erfahrung ist. Genießen Sie als Mutter die Möglichkeit der Natur, dem Säugling mit Ihrem Körper Nahrung geben zu können. Aber setzten Sie sich nicht selbst unter Druck.

Bewegungsförderung

Mit der Geburt fängt das Neugeborene an, sich zu bewegen. In dieser Bewegung und den Sinnesäußerungen, in der Fachsprache sensumotorische Fähigkeiten genannt, liegt der Anfang der Denkentwicklung eines Menschen. Respektieren Sie seine Bewegungsäußerungen und versuchen Sie, diese zu verstehen und auf sie zu reagieren. Sie können sie auch noch verstärken. Das Baby bleibt in der Regel in Beugehaltung, die es sich in der Enge des Mutterleibes notgedrungen hat angewöhnen müssen. Aber es strampelt gleich nach der Geburt, um aus dieser Beugehaltung herauszukommen.

Von daher sind kleine zarte Berührungen an den Füßen und Armen wichtig, das Strampeln zu verstärken.

Bildungsschritte zur Ausbildung motorischer Kompetenzen

Das Baby sollte möglichst vielseitige Bewegungsmöglichkeiten haben. Es ist gut zu beobachten, was das Kind gerne tun will, und dies dann zu unterstützen. Insgesamt ist sanfte Babymassage am ganzen Körper wichtig, um die Muskeln des Kindes auszubauen.

- Tippen Sie Arme, Beine und Füße an, um das Strampeln anzuregen, damit das Kind die Deformation der Beugehaltung überwindet!
- Bei Steißlage vor der Geburt ist es wichtig, die Beine zusätzlich zu massieren, um das Beugen und Strecken gleichermaßen auszubilden.
- Stellen Sie das Kind – fest am Kopf und den Schultern in Ihre Hände gestützt – auf eine weiche Unterlage! Lassen Sie es die automatischen Gehbewegungen, die in den ersten Tagen noch als Reflex gegeben sind, ausprobieren!
- Nehmen Sie das Kind in die Arme und wiegen es hin und her!
- Schaukeln Sie es auf Ihren Armen!
- Tragen Sie das Kind im Tragetuch und lassen Sie es die Körpernähe und Geborgenheit spüren!
- Das Kind fühlt sich wohl, wenn Sie es dicht an Ihrem Körper halten und einfach hin und her gehen.

Denken Sie daran, dass das Wichtigste in dieser ersten Woche ist, gemeinsam das Glück zu erleben, dass ein kleines Neugeborenes jetzt bei Ihnen ist. Die Gefühle des Glücks und der Liebe sind der wichtigste Motor für das kindliche Lernen. Diese Kraftquelle gilt es zu erhalten und zu stärken. Alle diese hier angebotenen Anregungen sollen nicht als Zwangsveranstaltung ablaufen, sondern aus der inneren Freude.

Bildung im ersten Monat

Der Entwicklungspsychologe Martin Dornes redet vom kompetenten Säugling, der von Anfang an aktiv auf seine Umwelt reagieren kann. Aber diese angeborene Aktivität und Reaktionsbereitschaft braucht auch ein Gegenüber, das Anstöße für die Aktivitäten gibt.
Setzen Sie daher alle Anregungen der ersten Woche fort! In diesem Monat ist die Orientierung an die neue Lebensumgebung eine zentrale Aufgabe. Und es wäre schön, wenn es gelänge, dass Ihr Kind ein wenig mehr genauer wahrnimmt. Aber gehen Sie behutsam vor!
Das Wichtigste ist, dass eine gute Bindung zwischen den Erwachsenen und dem Säugling aufgebaut wird. Aus dieser Grundlage resultiert alles Lernen. Aber vor allem das soziale Lernen ist ohne intensive frühe Bindung nicht möglich.

Urvertrauen stabilisieren

Denken Sie daran, dass nur in sich ruhende Erwachsene dem Neugeborenen Sicherheit vermitteln können! Deshalb ist es wichtig, dass die Mutter sich ausgiebig erholt, um die Hormonwechselduschen nach der Geburt zu verkraften. In manchen Kulturen gibt es Rituale, bei denen sie nach der Geburt von Verwandten, Stammesangehörigen oder Nachbarn längere Zeit selber umsorgt wird, um genug Kraft aufzutanken, damit das Kind danach gut versorgt werden kann. Auch bei uns gibt es die Möglichkeit, dass Mütter durch den

Vater, die Großeltern oder Freunde hinreichend Unterstützung bekommen. Wichtig ist, dass beide Eltern sich auch Zeit füreinander und für ihre Beziehung nehmen, denn das ist nötig, damit dem neuen Erdenbürger Beziehungsfähigkeit glaubhaft vermittelt werden kann. Aber es gibt neben diesen Grundhaltungen auch einige beachtenswerte konkrete Schritte zur Stabilisierung des Urvertrauens.

- Sorgen Sie dafür, dass das Kind spürt, dass die Welt um es herum es schützt und versorgt!
- Sorgen Sie für angenehme Temperaturen und immer wieder menschliche Nähe und Wärme!
- Sorgen Sie für wärmende Decken, die das Wohlbefinden erhöhen! Sie sollten darauf achten, dass die Decken genügend Ausblick lassen.
- Schauen Sie Ihr Kind möglichst oft freundlich an, gehen Sie nicht zu nah und nicht zu weit weg mit Ihrem Gesicht ins Gesichtsfeld des Kindes! Ein Abstand von 17–20 Zentimetern ist optimal.
- Tragen Sie das Kind oft in Ihren Armen!
- Lassen Sie das Kind an Ihrer Seite schlafen! Sie brauchen keine Sorge zu haben, dass Sie das Baby erdrücken. Menschen schaffen es automatisch, sich auf ein kleines Lebewesen im Schlaf einzustellen. In vielen Kulturen ist es gang und gäbe, dass Säuglinge am Körper der Mutter getragen werden und auch mit der Mutter schlafen. Nirgendwo wird von Erstickungen, Erdrücken oder sonstigen Problemen berichtet. Aber das Kind hat das wohlige Gefühl des Aufgehobenseins wieder, das ihm durch die

Geburt verloren gegangen ist. Dabei hat auch der Vater die Chance, dem Kind körperlich sehr nahe zu sein.
- Nehmen Sie das Kind immer, wenn es weint, auf den Arm! Das beruhigt sehr und schafft Vertrauen.

Wenn das Kind sich nicht beruhigen lässt, hat es vielleicht großen Hunger oder Verdauungsprobleme. Dann gilt es, zunächst durch Stillen dem Kind zu zeigen, dass es gut versorgt wird. Im Falle von Darmkoliken oder anderen Problemen müssen die medizinisch geeigneten Maßnahmen getroffen werden, damit das Kind sich wieder wohl in seiner Haut fühlen kann.
Um das Urvertrauen zu stärken, können Sie noch ein wenig mehr als die übliche gute Behandlung tun. Dazu sind hier nur einige Beispiele aufgezählt:

Bildungsschritte hin zum intensiven Urvertrauen

Schauen Sie das Kind an, schauen Sie ihm direkt in die Augen! Aber halten Sie ein wenig Abstand, etwa 20 Zentimeter zum Gesicht Ihres Kindes, damit das Kind Sie überhaupt erkennen kann!
- Nehmen Sie Ihr Kind mit zu sich ins Bett!
- Lassen Sie das Kind auf Ihrem Bauch schlafen!
- Schauen Sie das Kind beim Stillen an!
- Lächeln Sie das Kind direkt an!
- Schauen Sie genau, wie schön Ihr Kind aussieht!

Denken Sie nicht zu viel über einzelne pädagogische Maßnahmen nach, sondern geben Sie Ihrer Liebe zum Kind Ausdruck! Innere Gelassenheit und Ruhe sind das beste Fundament für die Entwicklung des Säuglings.

Kommunikation anbahnen

Das Neugeborene ist nicht nur ein Wesen mit Reflexen, sondern schon ein eigenes „Ich“, wie es der amerikanische Psychoanalytiker Seymour Lustman ausgedrückt hat. Seine wesentliche Fähigkeit der Kommunikation läuft über den Körper. Beginnen auch Sie, ihm neben der gesprochenen Sprache mit der Körpersprache zu begegnen. Denn wissenschaftlich ist erwiesen, dass Mimik und Pantomime wichtig sind für die Sprach- und Intelligenzentwicklung. Säuglinge, die viel derartige Gestik und mimische Ausdrücke verwenden, sind anderen in späteren Jahren in der Intelligenzentwicklung überlegen. Wenn Sie diese Sprache des Kindes mitsprechen, können Sie es in der ihm eigenen Ausdrucksweise verstärken. Hören Sie auch auf seine Äußerungen beim Weinen! Allmählich wird es Ihnen gelingen zu unterscheiden, ob es aus Müdigkeit weint oder hungrig ist oder einfach nur Zuwendung oder Anregung sucht. Das Weinen wegen Schmerzen ist besonders leicht von anderen Arten des Gefühlsausdrucks durch Weinen zu erkennen.
Auch wenn der Säugling noch nicht sprechen kann, so gibt es schon den ersten Austausch zwischen Erwachsenen und dem Baby. Wenn dies intensiv und bewusst gemacht wird,

kann Kommunikationsfähigkeit gefördert werden. Dazu sind die folgenden Beispiele sinnvoll:

Erste Bildungsschritte zur Kommunikationsfähigkeit

- Beruhigen Sie das Kind, wenn es schreit! Nehmen Sie es auf den Arm und geben Sie ihm die Gewissheit, dass Sie auf das Kind reagieren!
- Begleiten Sie von Anfang an alles mit Sprache! „Ich gebe dir gleich Milch." „Du bekommst jetzt eine neue Windel". Noch versteht es die Sätze nicht im Detail, aber der Klang Ihrer Stimme schafft Beruhigung.
- Denken Sie daran, dass Ihr Baby ein eigenständiger Mensch ist, der respektiert werden will!
- Unterstreichen Sie Ihre Aussagen mit Mimik! Wenn Sie sich freuen, sagen Sie: „Ich freue mich." Und zeigen Sie dies durch Ihren Gesichtsausdruck.
- Betonen Sie alles, was Sie mitteilen wollen, durch pantomimischen Ausdruck! Wenn Sie das Baby auf den Arm nehmen wollen und „Komm" sagen, dann unterstützen Sie dies mit einer Hand und Armbewegung, die vom Kind zu Ihnen hinweist.
- Beginnen Sie einen ernsthaften Dialog mit Ihrem Baby, schauen Sie es intensiv an! Sie werden sehen, dass es schon im zweiten Monat öfter mal zu Ihnen schaut.

Säuglinge reagieren schon in diesem zarten Alter auf andere Menschen, wenn sie deren liebevolle Blicke spüren. Und damit beginnt für beide Seiten eine beglückende Zweisamkeit.

Mit Opa im Blickdialog.

Wahrnehmung erweitern

Bildungsschritte für die Körperwahrnehmung

In diesem ersten Monat ist zu erwarten, dass das Baby auf Sinneseindrücke merkbar reagiert. Besonders wenn der Ton sich ändert, der Lichteinfall konträr wird, ein neuer Duft durch den Raum zieht, können Sie beobachten, dass das Baby die Veränderung wahrgenommen hat.

Ihren Säugling auch bezüglich der Körperwahrnehmung weiterbilden und ihm bei seiner Entwicklung helfen, können Sie ganz einfach: Singen Sie ein und dasselbe Lied beim Baden. Es ist ziemlich egal, welches es ist, aber ein einfacher Singsang mit vielen Wiederholungen ist besonders geeignet. Auch Lieder mit Refrain sind gut. Wichtig dabei ist, dass die Körpererfahrung mit rhythmischer Begleitung noch intensiver wird.

Bleiben Sie mit Ihrem Gesicht gut sichtbar über dem Säugling in der kleinen Wanne! In dieser neuen ungewohnten Lage braucht er das vertraute Lächeln, um das Neue sicher genießen zu können. Der Blickkontakt ist gerade beim Baden sehr bedeutsam.

Ein wichtiger Weg zur Intensivierung des Wohlbefindens im Körper ist die aus dem indischen Kulturraum stammende Babymassage. Eine besondere Form ist die Ayurveda-Ölmassage. Sie sollte dem Baby nach dem Abfallen der Nabelschnur am besten zweimal täglich gegönnt werden, am besten etwa eine halbe Stunde nach einer Mahlzeit. Die Anwendung ist nicht schwierig: Sesamöl wird angewärmt, der Raum gut temperiert. Danach werden alle Körperstellen sanft mit dem warmen Öl auf und ab eingerieben. Die Gelenke und der Bauch werden mit kreisenden Bewegungen massiert. Dieser Behandlung wird nicht nur die Förderung der Muskelentwicklung zugesprochen, sondern auch eine generelle Beruhigung des Babys und eine allgemeine Gesundheitsförderung.

Bildungsschritte für den Hörsinn

Lange Zeit glaubten viele, es gäbe kein Hörverständnis bei Säuglingen. Mittlerweile hat die Säuglingsforschung nachgewiesen, dass bereits vor der Geburt gehörte Geschichten später besonders gut aufgenommen werden. Schon Neugeborene unterscheiden zwischen der menschlichen Stimme und einem künstlichen Klang.

- Singen Sie kleine Melodien vor! Erweitern Sie den Liedschatz auf drei verschiedene Lieder, die Sie immer wieder singen.
- Hängen Sie am Bettchen eine Spieluhr gut sichtbar auf und lassen Sie die Spieluhr immer wieder ertönen!
- Geben Sie dem Kind die Gelegenheit, ein angenehmes Geräusch, wie etwa den Klang einer kleinen Silberkugel (am besten für das spätere Selbergreifen im roten Greifling), mit den Augen zu suchen!
- Wechseln Sie des Öfteren die Klänge ab, nehmen Sie mal Ihre Stimme, lassen Sie mal einen synthetischen Ton z. B. von der Kassette oder CD erklingen!
- Geben Sie Ihrem Kind die Chance, auch die Lautäußerungen anderer Säuglinge von Anfang an zu hören!

Wählen Sie diejenigen Höranregungen aus, zu denen Sie selber besonders viel Lust verspüren. Denn das Fördern eines Säuglings gelingt umso besser, je mehr Spaß es den Beteiligten macht. Spaß regt Eigenaktivität an. Und ohne Eigenaktivität gibt es kein Lernen.

Bildungsschritte für das Sehen

Schon im ersten Monat gelingt es vielen Säuglingen, rote bewegliche Objekte zu sehen und quasi mit den Augen „mitzugehen“. Deshalb ist es von besonderem Wert, wenn über dem Bettchen oder dem Wickeltisch eine rote Mobilefigur sanft im Luftzug hin und her schwingt, immer da ist und doch die Position verändert, damit Ihr Baby angeregt wird, die Augen auf die jeweils sich ändernden Positionen zu richten. Dabei ist es egal, ob das Objekt ein Haus, Fisch, Ball, Ring oder Boot ist. Auch kontrastreiche Muster verlocken ein Baby schon in diesem Alter zu genauerem Hinsehen. Besonders das Gesicht der Erwachsenen ist hoch attraktiv. Anfangs sieht der Säugling eher die hellen und dunklen Kontraste von Haaransatz und Stirn, später auch die Details der Gesichtsmitte. Die optimale Entfernung beträgt 20 Zentimeter, die meisten Eltern machen es spontan richtig und beugen sich in diesem Abstand zum Gesicht des Kindes.

- Geben Sie dem Kind wenig, aber prägnantes Spielzeug! Es genügt ein über dem Bett hängender Luftballon, auch ein buntes Mobile mit roten Objekten sollte nicht fehlen.

Bunte Dinge als Blickfang.

- Ein weiches Stoffspielzeug, wie eine Puppe oder ein Ball oder ein farbiges Stofftier, im Bettchen kann einen interessanten Blickfang für das Kleine bieten.
- Gehen Sie langsam am Kind vorbei, wenn Sie etwas holen müssen, damit das Kind lernt, Ihnen mit seinen Augen zu folgen!
- Steuern Sie die Lichtverhältnisse der Raumumgebung. Lassen Sie die Struktur zwischen Tag und Nacht am Licht erkennbar werden! Schalten Sie nachts alle Lampen aus!
- Lassen Sie Zeit fürs eigenständige Spielen! Am günstigsten ist es, dem Kind nach dem Stillen die Gelegenheit zu geben, sich selber zu beschäftigen und erst einmal herumzuschauen. Beobachten Sie genau, was es macht! Daraus können Sie am besten erkennen, was für das Kind gut ist.
- Halten Sie des Öfteren einen Greifling mit roter Farbe und einer hell tönenden Silberglocke ungefähr 20 Zentimeter von den Augen des Kindes entfernt! Bald kann das Kind diesen Gegenstand mit den Augen fixieren. Wenn Sie sicher sein wollen, ob das Kind diesen Gegenstand mit roter Farbe auch tatsächlich ansieht, können Sie den Gegenstand ein wenig zur Seite bewegen. Wenn die Augen des Säuglings dann auch dieser Bewegung folgen, wissen Sie, dass es schon in der Lage ist, Gegenstände zu sehen und zu verfolgen.
- Zeigen Sie dem Kind möglichst oft Ihr Gesicht in passendem Abstand!

- Versuchen Sie, Abwechslung in Ihr Gesicht zu bringen und blinzeln Sie mal mit dem Auge oder wackeln mit dem Kopf oder strecken Ihre Zunge heraus! Manchmal sieht es so aus, als ob das Baby diese Handlungen imitiert.
- Fangen Sie an, dem Kind kontrastreich gemusterte Bilder zu zeigen, wie etwa helle und dunkle Streifen, klare Kreise oder Rauten!
- Lassen Sie Ihr Kind Dinge fühlen, spüren und ertasten! Dann werden diese beim anschließenden Sehen viel genauer angeschaut.

Wenn es sich anbietet, können Sie durchaus andere Kinder zu Besuch einladen. Sie werden sehen, dass andere Babys besonders fasziniert angesehen werden. Ihr Auftreten allein ist für das Sehen schon Anregung genug.

Bildungsschritte für das Riechen

Es kommt darauf an, für alle Sinne jeweils besondere Anregungen zu bieten. Das Sehen muss also auch durch das Riechen ergänzt werden.

Das Kind bildet von allein seinen Geruchssinn aus, wenn es beginnt, die Menschen, die für es sorgen, wahrzunehmen. Allmählich kann im ersten Monat auch im Wohnumfeld ein besonderer Geruch an einer bestimmten Stelle positioniert werden. Das kann in der Küche ein Glas mit dampfendem Kräutertee sein, das immer wieder an derselben Stelle steht. Es kann auch ein frischer Blumenstrauß sein – allerdings haben Schnittblumen keine sehr lange Lebensdauer. Besonders gut kann es Dinge riechen, die in Verbindung mit seiner Mutter stehen.

- Legen Sie an die eine Seite im Bettchen ein Tuch, das länger um Ihren Hals gelegt war! Sie werden merken, dass der Säugling sich sehr bald diesem Geruch zuwenden will.
- Geben Sie dem Kind die Gelegenheit, den bevorzugten Duft seiner Mutter auch in anderen Umgebungsbereichen zu riechen!

Es lassen sich vielfältige Anregungen zum Riechen finden. Wichtig ist, dass Sie aus dem Alltag die sich bietenden Möglichkeiten suchen und nicht etwas Künstliches konstruieren.

Bildungsschritte für das Schmecken

Neben dem Riechen ist auch die Förderung des Geschmackssinns zu bedenken. Da im ganzen ersten Monat Muttermilch oder – falls es mit dem Stillen nicht klappt – die entsprechende Ersatzmilch bestimmend ist, kann der Geschmackssinn besonders angeregt werden, indem die Situation des Stillens bzw. des Fläschchengebens besonders lustvoll inszeniert ist. Das Stillen hat große Vorteile für die Entwicklung eines differenzierten Geschmackssinns. Denn in der Muttermilch werden, wie bereits weiter oben erläutert, Geschmacksstoffe der Nahrung nach einiger Zeit spürbar. Zwar ist zu vermuten, dass dies noch nicht in den ersten Lebenstagen von Bedeutung ist. Allerdings bildet sich sehr bald der Geschmackssinn aus. Deshalb sollte schon im ersten Monat versucht werden, dem Baby verschiedene Geschmacksrichtungen anzubieten. Dies geschieht durch eine interessante und abwechslungsreiche Kost der Mutter.

- Essen Sie immer wieder andere leckere Mahlzeiten! Ihre Lust am Essen überträgt sich psychisch, die verschiedenen Geschmacksstoffe übertragen sich physiologisch über die Muttermilch.
- Achten Sie darauf, dass Sie Ihr Lieblingsessen immer wieder zu sich nehmen! Vielleicht übernimmt Ihr Baby Ihren Lieblingsgeschmack!
- Akzeptieren Sie es, wenn Ihr Baby wegen eines bestimmten Geschmacks mal die Milch nicht mag!

Aber: Die Gesundheit Ihres Kindes ist wichtiger als jede Anregung. Geben Sie Ihrem Kind nicht gesüßte Milch zu trinken, auch wenn es die mag.

Bildungsschritte für Verbindungen der Wahrnehmungsbereiche

Wissenschaftliche Untersuchungen haben bestätigt, dass Kinder nicht nur eine Wahrnehmungsebene haben, sondern dass sie sich auch an die Dinge erinnern, die sie gleichzeitig mit besonderen Objekten wahrnehmen.

- Geben Sie Ihrem Kind in die eine Hand einen festen Gegenstand, präsentieren Sie ihm währenddessen ein Bild oder einen Klang. Sie werden merken, dass Ihr Kind sich darauf zu bewegen will.
- Lassen Sie eine Glocke ertönen, wenn Sie Ihrem Kind einen besonderen Geruch anbieten!

- Geben Sie Ihrem Kind beim Wickeln immer wieder einen lauten Bauchpustekuss! Damit sind Hautberührung, Hören und Wärmeempfindung zugleich in einer intensiven Beziehung zum Vater oder zu der Mutter spürbar.

So wichtig die verschiedenen Anregungen auch sein mögen, sie dürfen nicht isoliert gesehen werden wie schulische Fächer, bei denen ein Inhalt nach dem anderen häppchenweise präsentiert wird. Es geht vor allem darum, im realen Alltagsleben Anregungen einzubauen. Und Babys sollten nicht von einer Anregung zur nächsten geschleust werden.

Bewegung ausbauen

Im ersten Lebensmonat findet der Übergang von frühen Reflexbewegungen zu gezielten Muskelbewegungen statt. Anfangs gibt es noch vielfältige Reflexe beim Neugeborenen wie den Moro-Reflex, reflexhafte Gehbewegungen, wenn das Kind aufrecht gehalten mit den Füßen eine Unterlage berührt, den Handgreifreflex oder das reflektorische Abstützen, wenn das Baby aufrecht auf eine Unterlage gestellt wird. Aber allmählich sammeln sich die körperlichen Kräfte für eigenständiges Handeln. Dazu sollten die Muskeln entspannt sein. Die oben erwähnte ayurvedische Massage mit Öl ist besonders gut geeignet, den Muskeltonus des Babys zu verbessern und die Muskelspannungen aus der langen Schwangerschaft zu lockern oder gar zu lösen.

- Geben Sie dem Kind durch Streicheln auf der Handoberfläche Impulse, die Hände immer häufiger offen zu halten und die starre Faust zu öffnen!
- Tippen Sie ab und zu auch die Finger des Babys an! Dann fällt es ihm leichter, mit den eigenen Fingern zu spielen und sie sogar anzuschauen.
- Wechseln Sie die Lage des Kindes, nehmen Sie es mal in Rückenlage auf den Arm, mal in Bauchlage im „Reitersitz“ mit Ihren stützenden Händen am Bauch des Kindes und an seinem Kopf!
- Zeigen Sie, wenn das Kind in Bauchlage liegt, vor seinem Kopf ein Glöckchen oder eine rote Figur und heben Sie diese ein wenig hoch! Damit können Sie die Fähigkeit unterstützen, den Kopf einige Sekunden hochzuheben. Manche Babys schaffen es im ersten Monat, den Kopf aus der Bauchlage bis zu 45 Grad hochzuheben. Mit dieser Haltung wird das spätere Krabbeln vorbereitet.
- Geben Sie dem Kind beim Sitzen auf Ihrem Schoß die Gelegenheit, immer ein paar Sekunden weniger Ihre stützenden Hände an seinem Köpfchen zu spüren! Wenn der Kopf nach vorn geneigt ist und Sie den Oberkörper gerade hinsetzen, versucht das Neugeborene schon, für eine oder zwei Sekunden den Kopf hochzuhalten. So fällt es ihm allmählich immer leichter, selber einen kurzen Augenblick den Kopf zu halten.
- Ziehen Sie das Kind von einer liegenden Rückenlage an den Unterarmen vorsichtig zum Sitzen hoch! Dann lernt

es allmählich, seinen Körper anzuspannen und der Kopf sinkt bald nicht mehr so schnell nach hinten.

- Geben Sie dem Kind die Gelegenheit, sich wiegend fortzubewegen, indem Sie es auf dem Arm halten und einfach auf und ab gehen!
- Gönnen Sie dem Baby des Öfteren mit angewärmtem Öl oder Babycreme eine Massage! Achten Sie auf eine warme Temperatur – vielleicht mit Rotlichtlampe – in der Umgebung!
- Legen Sie das Baby in Rückenlage und führen Sie seine Beinchen angewinkelt gegen seinen Bauch! Halten Sie die Füße sanft fest und bewegen Sie die Beine hin und her, gegen den Bauch und wieder weg vom Bauch! Noch interessanter wird dieses Spiel, wenn Sie einen Spruch dazu wiederholen wie: „Hin und her“ oder „Bein zum Bauch – Bein heraus“.
- Probieren Sie ab und zu den Wiegegriff! Halten Sie dazu das Neugeborene auf dem Bauch liegend auf dem Unterarm, der Kopf muss dabei gestützt werden. Am besten ist es, wenn Sie die Achsel umgreifen und dann sanft schaukeln.

Achten Sie aber bei allen diesen Anregungen darauf, dass Sie keine künstlich aufgesetzte Schulveranstaltung machen. Wichtig ist, dass Sie aus dem Alltag heraus immer wieder neue Impulse für die Entwicklung Ihres Babys finden.
Und denken Sie daran, dass die innere Bindung zwischen Ihnen und Ihrem Kind die Basis für die weitere Entwick-

lung ist. Die Bindung geht vor allem von Ihnen aus, Sie sind der aktive Part in der Beziehung zum Kind. Schauen Sie Ihr Kind oft an, streicheln Sie es! So wird bei Ihnen selbst immer stärker das Bindungsbedürfnis entwickelt und das Kind spürt die Nähe und genießt sie. So kann Bindung wachsen. Bindung muss von beiden Seiten erwachsen. Sie lässt sich nicht künstlich erzwingen.

Bildung im zweiten Monat

Auch im zweiten Monat spielt der körperliche Ausdruck des Säuglings die zentrale Rolle. Aber körperliche Entwicklung ist nicht nur körperlich, sondern ist eng an die Entwicklung des Denkens, Sprechens und der Gefühle gebunden. Wenn Sie die körperlichen Ausdrucksformen des Kindes aufnehmen und weiter anregen, entwickeln Sie auch sein Denken.

Urvertrauen vertiefen

Die Bedeutung von engen Beziehungen zu den Erwachsenen, meist Mutter und Vater, ist wissenschaftlich abgesichert. Der Psychoanalytiker und Säuglingsforscher René Spitz zeigte, zu welchen Entwicklungsstörungen es bei Säuglingen kommen kann, wenn die Mutter abwesend ist. Kinder sind nicht in der Lage, ihre Emotionen balanciert zu entwickeln und auch nicht fähig, soziale Kontakte aufzubauen. Eine sichere Bindung ist Voraussetzung für Erkundungsverhalten und damit für die weitere kognitive Entwicklung. Die folgenden Schritte könnten dies unterstützen:

Bildungsschritte zur Ich-Identität

- Geben Sie dem Kind viele Gelegenheiten, Ihren Körper zu spüren und zu riechen!
- Nehmen Sie es auf Ihre Schulter!
- Legen Sie es auf Ihren Bauch!

- Lehnen Sie es an Ihre Brust! Es reagiert auf den Unterschied der Mutterbrust und der Brust anderer Menschen. Es kann die Geborgenheit, die alle Menschen um es herum geben wollen, spüren.
- Nehmen Sie das Kind oft aufrecht in die Hände und lassen Sie das Kind Ihr Gesicht ansehen!

Achten Sie darauf, dass Sie keine künstliche Folge von Anregungen anbieten. Die Basis der Ich-Identität ist das echte Gefühl, das Sie Ihrem Baby gegenüber zeigen. Ein Kind spürt, auch wenn es noch so klein ist, was seine Eltern für es empfinden. Geben Sie deshalb immer nur aus vollem Herzen die körperliche Zuwendung.

Wechselseitige Kommunikation: das erste Lächeln

Im zweiten Lebensmonat bahnt sich bei vielen Säuglingen das erste Lächeln an. Anfangs handelt es sich dabei nur um ein einfaches mimisches Verhalten, das wie Lachen aussieht. Oft ist dies die mimische Reaktion auf das Lachen des Gegenübers. Bald kann sich aus diesem ersten Lächeln in ein lautes Lachen ergeben. Geben Sie viele Anregungen dazu, indem Sie Ihr freundliches Gesicht zeigen. Aber: Bleiben Sie dabei echt, ein bloßes „Grinsegesicht" ist nicht glaubhaft.
Sie werden sehen, dass das Baby auf Sie reagiert.
Aber auch ohne das Lächeln ist die Vorbereitung von wechselseitigen Beziehungen in dieser Zeit besonders wichtig.

Wenden Sie sich dem Kind zu und reagieren Sie auf seine Äußerungen. Durch die Wechselseitigkeit zwischen Erwachsenen und Kind wird die spätere Sprachentwicklung enorm gefördert, auch wenn das anfangs nur über Blicke und Berührungen angeregt wird. Denken Sie im Alltag daran, was Sie für die Kommunikationsentwicklung Ihres Babys tun können! Die folgenden Schritte sind nur Beispiele:

Bildungsschritte zur Kommunikationsfähigkeit

- Lächeln Sie das Kind oft an!
- Tanzen Sie regelmäßig mit Ihrem Baby auf dem Arm und singen Sie dazu einfache Tanzlieder! Es reicht, wenn es „Brüderchen, komm tanz mit mir" oder „Schwesterchen, komm tanz mit mir" ist. Wenn Sie nur eine Tanzmelodie auf „la, la, la, la" singen können, ist auch das ausreichend. Wichtig ist, dass Sie eine harmonische Einheit in Bewegung, Rhythmus und Klang mit dem kleinen Erdenbürger bilden.
- Sprechen Sie immer wieder über das, was Sie tun!
- Sprechen Sie Ihr Baby immer wieder an! Z. B.: „Ich glaube, du brauchst eine neue Windel." oder: „Jetzt sind wir draußen. Die Sonne scheint."

Kommunikation muss sinnvoll sein. Sie kann Freude bereiten, sie kann etwas mitteilen, sie kann Verbundenheit ausdrücken. In diesem Spektrum sollten auch die Anregungen zur Kommunikation gestaltet werden: um sich und dem Baby eine angenehme Situation zu eröffnen, um die eigenen Gefühle auszudrücken oder um eine wichtige Sache zu beschreiben. Nutzen Sie die verschiedenen Möglichkeiten, um eine breite Kommunikationsfähigkeit anzubahnen.

Mit der Wahrnehmung die wahren Dinge erkunden

Sobald Kinder mehr sehen, ertasten und hören können, ist es wichtig, dass sie dosierte und klar sich wiederholende Außenreize haben. Schon René Spitz betonte in einer Säuglingsstudie, wie problematisch es ist, wenn Babys in ihrem Bettchen liegen und ihnen keinerlei besondere Reize geboten werden. Diese Kinder verarmen in ihrer Entwicklung und verlieren die aktive Beziehungsfähigkeit zur umgebenden Welt. Dies muss nicht sein, es lassen sich dem Baby ganz einfach verschieden mögliche Außenreize anbieten.

- Singen Sie kleine Melodien vor! Erweitern Sie den Liedschatz auf drei verschiedene Lieder, die Sie immer wieder singen.
- Hängen Sie am Bettchen gut sichtbar eine Spieluhr auf und lassen Sie diese immer wieder ertönen!
- Geben Sie dem Kind die Gelegenheit, ein kleines angenehmes Geräusch, wie den Klang einer Silberkugel (am besten fürs spätere Selbergreifen im roten Greifling) mit den Augen zu suchen!
- Lassen Sie das Baby auf etwas leicht Bewegliches wie ein Mobile schauen!

- Berühren Sie ganz sanft die Fußsohlen Ihres Babys, wenn es in Bauchlage liegt! So kann es über die Haut fühlen, wie sich Berührung anfühlt.

Eine anregende Umgebung ist das A und O einer guten Entwicklung. Sie sollte anfangs nicht zu vielfältig sein, damit das Baby nicht überfordert wird. Aber die Angebote in der Umgebung sind der entscheidende Schritt, dass Babys von sich aus auf ihre Umwelt zugehen.
Das selbst organisierte Zugehen auf die Umwelt ist der entscheidende Weg. Ohne Eigenaktivität des lernenden Menschen gibt es kein Lernen.

Bildungsschritte für das Sehen

Das Sehen wird in diesem Monat vor allem durch sich bewegende Gegenstände und Lebewesen gefördert. Wenn Sie eine Familie kennen, die ein Aquarium hat, werden Sie schon beim ersten Besuch spüren, dass das Baby fasziniert von der Bewegung im Aquarium und den Licht-Schatten-Kontrasten ist. Aber Sie können selbst Sehanregungen arrangieren. Wichtig ist, dass es sich um klar begrenzte Objekte handelt, die nicht zu weit vom Baby entfernt sind und die farblich auffallen. Gelbrote Objekte sind besonders gut für die erste Zeit, aber auch Helldunkel-Kontraste bleiben weiter attraktiv. Da das Gesichtsschema ein zentrales optisches Merkmal für ein Baby ist, ist es sehr wichtig, wenn es neben Vater und Mutter auch andere Personen intensiv anschauen kann, die sich ein wenig von den bekannten Gesichtern unterscheiden. So ist es für viele Kinder ein starkes Erlebnis, wenn es einen Menschen mit Brille sehen darf, während die anderen bekannten Gesichter nicht die reflektierenden Brillengläser über den Augen haben. Auch ein bärtiger Mann im Vergleich zu einem bartlosen bietet einen wichtigen Grund für das Baby, aufmerksam zu schauen.

- Suchen Sie sich einen roten kleinen Gegenstand aus, zum Beispiel einen Ring oder ein rotes Stofftier, den Sie dem Kind immer wieder zeigen und in ausreichendem Abstand langsam an seinem Kopf seitlich vorbei führen, damit es den Gegenstand mit den Augen verfolgen kann!
- Verändern Sie die Bewegung mit dem roten kleinen Gegenstand (Rassel, Stoffball oder Plastikkugel)! Führen Sie diesen Gegenstand langsam von unten nach oben und lassen Sie Ihr Kind diesen mit den Augen verfolgen! Manchmal gelingt es ihm schon.
- Als dritten Schritt können Sie den roten Gegenstand auch rundherum vor dem Gesicht des Babys herumführen und ihm die Gelegenheit geben, diesen mit den Augen in der Runde zu verfolgen.
- Legen Sie in das Körbchen, das Bettchen oder den Kinderwagenaufsatz auf der linken Seite ein Objekt mit roter Farbe (z. B. ein Stofftier) und auf der rechten Seite ein anderes!
- Halten Sie Ihr Kind auch mal mit dem Rücken zu sich aufrecht! Lassen Sie Ihr Kind in den Raum schauen und sehen, wie sich andere Menschen oder ein Hund darin

bewegen! Bald beginnt es, diese sich bewegenden Figuren mit den Augen zu verfolgen.

- Legen Sie ein Fell oder eine Decke auf den Fußboden des Kinderzimmers und ziehen Sie einen gelbroten Gegenstand (Holztier, Puppe, Kugel oder Ring) hin und her! Auch diese Veränderung wird vom Kind mit den Augen verfolgt.
- Geben Sie auch Ihrem Besuch die Gelegenheit, dem Baby das Gesicht direkt zuzuwenden! Ihr Kind interessiert sich schon für Gesichter.

Alle diese Hinweise sind Beispiele. Nicht jedes Kind entwickelt sich nach dem erwarteten Zeitplan. Zum einen gibt es Frühgeborene, die gerade in den ersten Monaten nicht den Entwicklungsstand aufweisen wie Neunmonatsbabys. Zum anderen gibt es eine große Zahl von Kindern, deren Entwicklungsschübe anders verlaufen, indem sie beispielsweise die eine Zeit stehen zu bleiben scheinen und auf einmal mit einem großen Sprung nach vorn schreiten. Jede in diesem Buch beschriebene Anregung sollte nur als Vorschlag verstanden werden und nur dann eingesetzt werden, wenn sie zur gegenwärtigen „Zone der nächsten Entwicklung“ Ihres Säuglings passt.

Bildungsschritte für den Hörsinn

Gerade im zweiten Monat bildet sich der Hörsinn deutlich heraus. Es wird angenommen, dass jetzt das gesamte Repertoire an Klangwahrnehmung entwickelt ist. Deshalb lohnt es sich, hier verstärkend Anregungen anzubieten. Klänge, unterschiedliche Lautstärken, Melodien und besondere Geräusche werden zu interessanten Wahrnehmungsmöglichkeiten für Ihr Baby.

- Geben Sie dem Kind die Gelegenheit, neue Stimmen neben denen der Eltern deutlich zu vernehmen!
- Auch erste fremdsprachliche Klänge sind angebracht. Wenn in Ihrem Bekanntenkreis Menschen nicht-deutscher Muttersprache sind, sollen Sie diese ermuntern, in ihrer Muttersprache mit Ihrem Baby zu kommunizieren.
- Versuchen Sie aber nicht, selbst in fremder Sprache zu radebrechen, das kommt auch bei Babys nicht gut an! Sie erkennen die Klangemelodie Ihrer Muttersprache.
- Lassen Sie einen Klang, ein Rasselgeräusch oder eine Glocke irgendwo im Raum ertönen! Halten Sie inne und beobachten Sie, ob Ihr Kind schon beginnt, mit den Augen nach dem Geräusch zu schauen! Manchmal wendet es seinen Kopf sogar direkt dorthin und scheint sich auf den Klang zu konzentrieren.
- Singen Sie oft Lieder!
- Wiederholen Sie einige Lieder mehrfach!
- Wechseln Sie die Klänge ab, die Sie Ihrem Kind bieten!

Das Hören ist eine wichtige Erweiterung, die Welt kennenzulernen. Es knüpft an die Erfahrungen im Mutterleib an, als das Sehen noch nicht möglich war und viele Geräusche den Weg zur Umwelt eröffnet haben.

Bildungsschritte für das Riechen

Das Baby riecht schon ganz deutlich im zweiten Monat, ob es an der Brust der Mutter liegt oder bei anderen Menschen. Fürs Riechen ist es wichtig, viel an frischer Luft zu sein. Suchen Sie einen Platz, an dem das Kind geschützt vor Wind und Sonnenstrahlen draußen liegen kann.

- Gehen Sie viel mit dem Kind in der Natur spazieren!
- Heben Sie Blätter, Rindenstücke oder andere Pflanzenteile auf und riechen Sie selber daran! Der Duft ist dann in Ihrer Nähe auch für das Baby spürbar. Besonders anregend ist es, durch Heilkräutergärten zu spazieren. Aber auch eine einzelne Lavendelblüte reicht. Im Winter kann man duftende Pflanzenteile finden.
- Lassen Sie Ihr Kind außerdem mal an Blumentöpfen oder Schnittblumen in der Wohnung schnuppern!

Auch die verschiedenen Stoffe im Kleiderschrank, die Möbelstücke in der Wohnung haben einen unterschiedlichen Duft. Riechen Sie selber ganz tief mit dem Baby im Arm an den verschiedenen Stellen in der Wohnung! Lassen Sie sich und ihm dabei viel Zeit, die Gerüche aufzunehmen!

Sie sehen, dass die meisten Schritte zur Entwicklung eines Babys im alltäglichen Umfeld, sei es die Wohnung, der Park oder der Kleiderschrank, zu finden sind. Es bedarf keiner gesonderten „Babyschule". Es gilt vielmehr, das hervorzukehren und bewusst zu erspüren, was in der Umgebung bedeutsam ist.

Bildungsschritte für das Schmecken

In diesem Monat gilt weiterhin, dass die Mutter über die Muttermilch möglichst verschiedene Geschmacksrichtungen an das Kind weitergibt.

- Ernähren Sie sich besonders abwechslungsreich!
- Genießen Sie Ihre Mahlzeiten in Ruhe! Der eigene Genuss kommt auch bei Ihrem Kind an.

Nicht neue künstliche Lernumgebungen, sondern das bewusste Erleben des Alltags, die Ruhe, Ihrem Baby Zeit zum Aufnehmen neuer Eindrücke zu vermitteln, sind die entscheidenden Schritte, es weiterzuentwickeln.

Mit der Hand die Welt erobern

Ein Mensch lernt, indem er Erfahrungen sammelt, denn nur auf der Basis von Erfahrungen kann Wissen aufgebaut werden. Für ein Baby beginnt die Aneignung der Welt erst mit dem Erfassen durch das Auge und dann mit dem Begreifen mit der Hand bzw. dem Mund. Eine wichtige Voraussetzung fürs „Begreifen" ist, dass das Baby die anfangs geschlossene Hand allmählich öffnet. Dies ist bei einem Drittel der Babys schon im zweiten Monat der Fall. Manche schauen sogar schon in diesem Alter ihre Finger an oder spielen damit.

- Bieten Sie dem Kind Ringe, Schlaufen oder andere Objekte, die sich mit den kleinen Händen ergreifen lassen! Nur sehr wenigen Babys gelingt dies im 2. Monat, aber wenn die Dinge interessant genug sind, erweckt es beim Baby wenigstens den Impuls, zuzugreifen.

- Legen Sie Ihre eigenen Finger nahe an die Hand des Kindes, damit es versuchen kann, diese zu ergreifen!
- Lassen Sie interessante Objekte wie Stoffpuppen immer auf einer bestimmten Seite im Kinderwagen oder im Bettchen liegen! Das bedeutet Anregung, mit den Armen dahinzulangen und vielleicht ansatzweise zu ergreifen.

Achten Sie bei allen Anregungen darauf, dass es sich um lockeres Probieren handelt, ob Ihr Baby darauf reagiert! Es geht nicht um das „Muss“, sondern um das Ausloten, ob Ihr Kind etwas in seiner gegenwärtigen Entwicklung für attraktiv hält und daran weiter lernen will. Nur wenn Ihr Baby das will, lernt es. Aufzwingen lässt es sich nichts.

Auf dem Weg zum Krabbeln

Im zweiten Monat gelingt es dem Kind, den Kopf aus der Bauchlage für einige Sekunden von allein hochzuheben. Oft ist diese Bewegung noch ein wenig zittrig, aber die Rückenmuskeln stärken sich bei jedem Versuch, bis das Kind seinen Kopf länger hochhalten kann. Weil Ihr Baby ohnehin dabei ist, die eigene Bewegungsfähigkeit zu entwickeln, lohnt es sich, auch weitere Anregungen zu bieten. Einige davon sind hier aufgezählt:

Bildungsschritte für eigenständige Bewegungen

- Legen Sie Ihr Kind so in Bauchlage, dass eine Spieluhr etwas oberhalb seines Kopfes ertönt! Dann hat es etwas, was es beim Hochheben des Kopfes ansehen kann, und spürt, dass es Neues zu entdecken gibt. Allmählich gelingt es dem Kind, den Kopf immer höher zu heben.
- Lassen Sie ein Glöckchen seitlich vom Kind erklingen, während es in Sitzstellung in Ihren Händen ruht! Es beginnt, den Kopf zur Seite zu bewegen, um diesen interessanten Klang besser zu erkennen.
- Wenn Ihr Baby in Rückenlage ist, können Sie ganz sanft die Beine am Knie beugen und wieder strecken.
- Halten Sie das Kind öfters in Sitzhaltung mit nur leichter Unterstützung des Kopfes durch Ihre Hände! Sie werden bald merken, dass Ihr Kind dazu neigt, den Kopf von allein ein wenig aufrecht zu halten.
- Lassen Sie das Kind gestützt auf Ihren Oberschenkeln liegen, heben Sie es langsam mit der Hand am Rücken in eine Sitzhaltung und geben Sie dem Kopf dabei mit den Fingern Stütze! Allmählich versucht das Baby, den Kopf ein wenig aufrecht zu halten.
- Legen Sie das Kind auf den Bauch, mit angewinkelten Armen nach vorn! Hängen Sie eine interessante Spieluhr etwas oberhalb vor dem Kind auf und lassen Sie diese erklingen. Das Kind hebt seinen Kopf und kann vielleicht die Unterarme zum Aufstützen benutzen.

- Geben Sie Ihrem Kind eine weiche Rolle – die kann auch aus einer Decke, einem Kissen oder einem Handtuch geformt sein – als Stütze ins Bettchen, damit es sich daran leichter hochziehen kann!

Über all diesen Anregungsmöglichkeiten steht aber das gute familiäre Klima. Gönnen Sie sich selbst genug Pausen – auch wenn es nicht ganz einfach ist, weil das Kind in der Nacht mehrfach schreit. Genießen Sie es, so ein kleines menschliches Wesen bei sich zu haben! Ihr eigenes Glück, die Ruhe, die Sie ausstrahlen, sind die wesentlichen Fundamente, damit Ihr Kind eine stabile Persönlichkeit entwickeln kann.
Gerade die Unterstützung der eigenständigen Bewegungsfähigkeit des Säuglings ist ein guter Weg, eine Balance zwischen Bindung und Klammern zu finden. Die intensive Bindung zwischen Eltern und Kind ist zwar die Grundlage der Entwicklung. Aber wenn diese nötige Bindung zu Klammern übersteigert wird, werden Entwicklungsmöglichkeiten erstickt. Vielmehr ist es wichtig, eine Balance zwischen Bindung und Loslassen von Monat zu Monat immer weiterzuentwickeln. Das freudige Zuschauen, wenn ein Kind lernt, sich aus der Nähe der wichtigen Bezugspersonen der Welt zuzuwenden, ist wichtig dafür, die Balance zwischen Nähe und Öffnung nach draußen auszutarieren.

Bildung im dritten Monat

Sicherheit anbahnen

Das Kind braucht für ein stabiles Sicherheitsgefühl nicht nur Zuwendung und sorgenfreie Ernährung, sondern auch allmählich Ansätze einer positiven Körpererfahrung. Der eigene Körper ist die Basis des Wohlbefindens und aus diesem kann die Lust auf weitere Entwicklung entstehen. Die Möglichkeiten, dem Baby positive Körpererfahrungen zu vermitteln, sind schier unerschöpflich. Hier sind nur einige Beispiele aufgezählt:

- Küssen Sie Ihr Kind auch mal auf den Bauch!
- Sehen Sie es eine längere Zeit ganz ruhig an und zeigen Sie ihm dabei mit Ihrem Blick, wie sehr Sie das Kind lieben!
- Nehmen Sie seinen Kopf in Ihre halb geöffnete Hand!
- Lassen Sie das Kind Ihren Atem dicht an seinem Körper spüren!
- Summen oder singen Sie, wenn Sie mit Ihrem Kind schmusen!
- Schauen Sie sich Fotos des Kindes an und spüren Sie, wie intensiv Ihre Gefühle für das Kind sind! Kommen Sie mit diesem Überschwang von Liebesgefühlen auf das Kind zu, wenn es wieder wach ist! Wenn Sie das Kind echt lieben, dann ist das die wichtigste Basis für seine Entwicklung. Geben Sie sich Zeit und Gelegenheit, dem Kind Ihre Liebe als Gefühl zu zeigen!

Denken Sie bei diesen Anregungen daran, dass Sie alles selber mit Freude und Inbrunst tun sollten. Gekünstelte Liebe bringt nichts und kommt nicht an. Nur echte Liebe hat in sich die Kraft, Ihrem Kind die Energie zu geben, über die eigenen Grenzen Schritt für Schritt hinauszuwachsen.

Kommunikation vom Kinde aus: Lachen

In diesem Monat kann es schon möglich sein, dass das Kind Sie anlächelt und sogar laut lacht. Bei etwa der Hälfte der Kinder ist dies schon im dritten Monat zu beobachten. Das alles ist ein Anfang für späteres Kommunizieren. Noch ist jedes Gesicht erst mal irgendein Gesicht für das Kind, aber es wird bald immer klarer unterschieden. Dazu ist es von großer Bedeutung, dass das Kind nicht nur ein Gesichtsschema kennenlernt, sondern möglichst mehrere. Der Entwicklungspsychologe Rolf Oerter hält es generell für eine Bereicherung in der Entwicklung des Säuglings, wenn für das Kind neue Bezugspersonen eingeführt werden.

- Blicken Sie das Kind selber oft lächelnd an!
- Geben Sie Ihrem Kind eine frohe Stimmung, indem Sie es entspannt anschauen!
- Erwidern Sie sein Lächeln, indem Sie das Kind von vorn ansehen!
- Lassen Sie auch andere Menschen Ihr Baby von vorn anschauen und anlächeln! Für das Baby ist es egal, ob es Sie oder jemand anderen sieht. Wichtig ist ihm, ein menschliches Gesicht gegenüber zu haben.

- Reagieren Sie auf mimische Äußerungen des Kindes! Versuchen Sie, den Ausdruck des Kindes zu verstehen!
- Schauen Sie sich die Gesten des Kindes genau an! Versuchen Sie herauszufinden, was das Kind damit sagen will und antworten Sie mit Sprache! Und zwar mit Ihrer Sprache!

Das Wichtigste beim Gelingen von Erziehungsschritten ist, dass wir an das anknüpfen, was vom Kind ausgeht. Beim Lachen haben wir es besonders einfach. Es ist klar zu erkennen und geht uns ans Herz. So fällt es leichter, die weitere Kommunikation anzuregen.

Die Welt genauer wahrnehmen

Die Dinge mit den Augen verfolgen

Besonders attraktiv in dieser Zeit sind bewegliche Spieluhren, die sich drehen können. Wenn sie dann noch rote Farbe und gute Kontraste in der Gestaltung bieten, ist dies besonders attraktiv für das Baby. Überhaupt beginnt jetzt eine Zeit, in der verschiedene Farben und Formen wichtig werden und nicht nur die altbekannten Helldunkel-Kontraste. Es gibt Untersuchungen, die belegen, dass ein Säugling in diesem Alter das Gesicht der Mutter von dem fremder Personen unterscheiden lernt.

- Geben Sie dem Kind Gelegenheit, immer wieder interessante Gegenstände mit den Augen zu verfolgen!

- Gehen Sie mit etwas Abstand um das Babybett herum und schauen Sie Ihr Kind an! Bald wird es versuchen, Ihr Gesicht immer fester mit den Augen zu verfolgen.
- Bewegen Sie interessant aussehende Dinge – möglichst in roter Farbe oder in Schwarz-Weiß-Kontrast – in verschiedene Richtungen, mal von links nach rechts, mal vor und zurück und mal auf und ab oder rundherum! Führen Sie diese Bewegung langsam aus, damit Ihr Baby den interessanten Gegenstand mit den Augen verfolgen kann.
- Seien Sie nicht enttäuscht, wenn Ihr Kind bei kreisenden Bewegungen von roten Spielsachen nicht mit den Augen folgt! Dies gelingt nur einem Teil der Dreimonatigen. Aber bieten Sie Ihrem Baby das Spiel ruhig immer mal wieder an!
- Ziehen Sie einen Gegenstand an einem Bindfaden und schauen Sie, ob Ihr Baby ihn mit den Augen verfolgt! Bei etwa der Hälfte der Kinder gelingt dies schon im ersten Monat.
- Zeigen Sie dem Baby ein buntes klares Bild, bewegen Sie es etwa 50 Zentimeter von seinen Augen entfernt hin und her! Wenn es das Bild anschaut, bewegen Sie es noch dichter an seinem Gesicht!
- Geben Sie Ihrem Kind die Chance, auch mal die Gesichter anderer Menschen von Nahem zu sehen!
- Schauen Sie das Kind mit Ihren aktuellen Gefühlen an! Es kann schon Traurigkeit oder Überraschung oder Freude unterscheiden. Geben Sie ihm die Gelegenheit, dies an Ihrem Gesicht abzulesen! Verstellen Sie nicht Ihre Stimme,

sondern zeigen Sie authentische Gefühle, damit Ihr Kind sich klar in der Gefühlswelt zu orientieren lernt.
- Nehmen Sie das Kind auf den Arm, damit es über Ihre Schulter blicken kann! So entdeckt es neue, ferne Welten.

Gerade in dem Bereich der Anregungen ist es wichtig, dass diese nicht künstlich verschult angeboten werden, sondern aus dem Alltag heraus.
Wenn Sie ein buntes Bild zur Hand haben, zeigen Sie es Ihrem Baby, aber kaufen Sie nicht extra eines. Wenn Sie keines zur Verfügung haben, nehmen Sie halt etwas, was diese Anregung auch erfüllt, aber besser verfügbar ist.

Spaß am Hören entwickeln

Das Gehör Ihres Kindes bildet sich in diesem Monat immer besser aus, und Sie können jetzt schon mehr als nur ein Glöckchen zum Signalreiz erklären. Bei einigen Babys fällt auf, dass sie bereits den Kopf dorthin drehen, woher ein neues attraktives Geräusch ertönt. Bei einigen Kindern dieses Alters kann man sogar beobachten, dass sie regelrecht den Kopf dorthin wenden, von wo die Sprache eines Menschen kommt. Noch ist die Sprachwahrnehmung Ihres Babys nicht völlig eingeengt auf die Muttersprache, es nimmt alle Formen von Lautmelodien gleich auf. Allerdings sind schon gewisse Muster vorgeburtlich aufgebaut worden. Neuere Untersuchungen belegen, dass Babys entweder französisch oder deutsch schreien können, also schon früh den Klang der Muttersprache aufgenommen haben. Unterstützen Sie diese Vielsprachigkeit, indem Sie durch eigenartige Glucks- oder Summlaute das Feld der Hörerfahrungen erweitern. Denn das Baby kann in diesem Alter schon differenzierte Laute unterscheiden und verschiedene Sprachen in ihrer Klangmelodie wahrnehmen.

Lassen Sie eine helle Glocke in der Nähe Ihres Babys ertönen, damit das Kind die Gelegenheit hat, sich mit dem Kopf zu der Geräuschquelle hin zu orientieren!

- Fangen Sie kleine Reimspiele oder Sprachspiele an wie: „Kuckuck, kuckuck – daaaaaa“! Verstecken Sie dabei Ihr Gesicht kurzfristig hinter einem Tuch und lassen Sie es wieder sichtbar werden, nachdem Sie einen kurzen Augenblick nur zu hören waren.
- Bieten Sie dem Kind immer wieder die vertrauten Lieder!
- Tanzen Sie mit dem Baby, während Sie etwas singen wie „Und links und ran und rechts und ran und vor und ran und rück und ran“!
- Geben Sie dem Kind die Gelegenheit, eigenartige Laute zu hören! Dazu können Sie schnalzen, blubbern, prusten oder sonst für Töne mit Ihren Lippen und Ihrem Mund erzeugen. Interessant sind die Laute für Ihr Kind allemal. Wiederholen Sie diese Faxen so oft Sie selber daran Spaß haben!
- Erklären Sie immer wieder ganz genau, was Sie tun und erleben! Dann hat Ihr Kind auch Freude am Sprechen.
- Lassen Sie eine CD im Raum erklingen!
- Suchen Sie beim Spazierengehen immer wieder andere Orte mit anderen Hintergrundgeräuschen aus!

- Leihen Sie sich von Freunden ein asiatisches Klangmobile aus, das immer wieder erklingt, wenn eine bestimmte Tür geöffnet wird!

Das Hören ist nicht nur für Ihr Kind gut, sondern auch für Sie! Sie tun sich selber etwas Gutes, wenn Sie ausgewählte zarte Klänge in der Wohnung zum Schwingen bringen. Und genau so sollte es sein: Was gut für das Baby ist, ist für alle Menschen gut. Auch Eltern lernen, wenn sie ihr Kind fördern.

Beginn der eigenen Sprache

Noch kann man nicht richtig von Sprache reden, aber allmählich beginnt Ihr Säugling schon, Laute von sich zu geben. Manchmal kann man zweisilbige „Worte" erkennen. Sie klingen wie „Ache" oder „Öri". Erkennen Sie diese Sprechversuche an und reagieren Sie darauf.

- Erklären Sie alles, was Sie machen oder was gerade passiert, mit ganzen kurzen Sätzen! Ihr Kind lernt dadurch allmählich, die Sprachmelodie zu erkennen.
- Sprechen Sie ganz laut und klar lustige Silben mit „a" aus und öffnen Sie den Mund weit! Manchmal fängt Ihr Baby an, diese geöffnete Mundstellung nachzumachen.
- Singen Sie weiter viele Lieder vor!
- Sprechen Sie kleine kurze Reime, das können ruhig sinnlose Silben sein wie: „Tip, tip, tip, flip, flip, flip"! Sprache ist ein Genuss und sollte von Anfang an als solcher erfahren werden. Das gibt Anlass zu positiven Erfahrungen mit Sprache.

- Hören Sie auf die ersten Laute Ihres Kindes und „antworten“ Sie darauf! Wenn es so klingt wie „Erüh“, dann antworten Sie bestätigend „Erüh, erüh“. Wenn es kling wie „Elöl“, dann können Sie diesen Laut durch Wiederholung bekräftigen.
- Im dritten Monat haben viele Babys schon ein gewisses Plapperverhalten; sie sprechen irgendwelche Laute aus. Sie können durch Antworten allmählich die Dialogform anbahnen. Die Emotionen, die aus Ihren Lautantworten erkennbar sind, wird das Kind auch aufnehmen.
- Schauen Sie das Kind einfach an und überlegen Sie, was es Ihnen wohl sagen will, und sprechen Sie eine vermutete Antwort aus!
- Gönnen Sie sich die Freude, Spaß an sinnlosen Silben zu entwickeln! Die Sprache ist ein Kunstwerk und man kann daraus Kunstwerke machen, die einem selber Spaß machen. Wenn Sie mit Lust Silbenfolgen erfinden, hat Ihr Baby noch mehr Spaß am sprachlichen Ausdruck, auch wenn es in diesem Alter noch nicht um sinnvolle Wörter geht.

Gezielt ergreifen

Jetzt passiert es nur noch selten, dass die Faust wie zur Neugeborenenzeit ganz fest geschlossen ist. Ihr Kind kann nun schon gut die Hände offen halten. Die Hände und Finger geraten immer mehr in den Mittelpunkt der Aufmerksamkeit Ihres Babys. Es fängt an, seine Finger anzufassen und sie genau anzuschauen. Je mehr es seine Hände betätigt, umso mehr bilden sich die Fähigkeiten des gezielten Greifens heraus. Und Sie können in diesem Monat vielleicht schon manchmal beobachten, wie Ihr Kind bestimmte attraktive Greiflinge nimmt und mit der Hand fest hält. Meist ist es noch ein zufälliges Ergreifen. Aber dann beginnt Ihr Kind, seine Hand nach einem dicht bei ihm liegenden Gegenstand – wie etwa einem roten Stofftier – auszustrecken und manchmal sogar zu ergreifen und zum eigenen Mund hin zu bewegen.

- Fördern Sie die Beweglichkeit der Arme, indem Sie sie sanft zu seinem Kopf hinführen!
- Legen Sie kleine weiche Dinge neben das Kind, damit es diese ergreifen kann!
- Legen Sie farblich attraktive Spielsachen in die Nähe des Kindes, um es zum Greifen anzuregen!
- Suchen Sie leichte Spielsachen aus, die sich zum Greifen anbieten! Große Softbälle sind zwar leicht, bieten aber keine Greifmöglichkeiten. Schmale Griffe bei Greiflingen sind geeigneter, um das Baby zum Greifen zu animieren. Besonders attraktiv ist eine Rassel oder ein Glöckchengreifling, sodass das Baby nicht nur die Freude des Begreifens hat, sondern selbst Geräusche und Klänge erzeugen kann.

Achten Sie darauf, dass Ihr Kind genug Platz hat, um an Dinge heranzukommen und diese zu ergreifen! Dicht gedrängte oder fernliegende Objekte haben nicht genug Aufforderungscharakter. Finden Sie eine ausgewogene Mischung aus Nähe und Abstand!

Wege zum Sitzen

Natürlich kann das Kind in diesem Monat noch nicht sitzen, aber Sie können es stützen. Weniger als die Hälfte aller Säuglinge kann in diesem Alter seinen Kopf kontinuierlich hochhalten.

- Geben Sie Ihrem Kind die Chance, durch Ihre stützende Hand am Kopf ein wenig länger als eine Sekunde den Kopf hochzuhalten! Bei einigen Kindern klappt es sogar schon 30 Sekunden lang.
- Ziehen Sie das Kind in Rückenlage mit den Händen vorsichtig hoch! Schauen Sie, ob es dabei Kopf und Schultern hoch hebt! Diese Fähigkeit bildet sich eigentlich erst im nächsten Monat aus, aber Sie haben die Chance, dies ein wenig früher anzuregen. Manche Kinder heben im dritten Monat nur den Kopf bei dieser Übung. Das ist bereits ein wichtiger Schritt in Richtung Sitzen.

Das Baby zum Sitzen hochziehen.

Das Sitzen bietet Säuglingen einen größeren Gesichtskreis. Daher ist es legitim, dies ein wenig zu unterstützen. Schauen Sie aber genau in das Gesicht Ihres Kindes, ob das als hilfreiche Erweiterung des Gesichtskreises angenommen wird, ob das Kind wirklich in die Runde schaut oder ob es eher ängstlich auf diese Lageänderung reagiert.
Die Gefühle und Befürchtungen Ihres Kindes sind der eigentliche Maßstab, ob Anregungen derzeit sinnvoll oder überfordernd sind.

Durch Drehen vorankommen

Noch kann sich das Baby nicht vom Platz bewegen. Aber es fängt schon an, den Kopf zu drehen, wenn eine helle Glocke ertönt. Darin liegt der Ursprung des Bewegens. In diesem Monat werden die Voraussetzungen für das Krabbeln angelegt. Ein wichtiger Faktor dafür ist, dass es den Kopf in Bauchlage mehr als 30 Prozent hochhebt. Das gelingt in nun schon vielen Babys. Aber Sie können dies noch weiter unterstützen.

- Halten Sie eine Spieluhr ein wenig oberhalb des Kopfes Ihres Kindes, während es in Bauchlage liegt, um es anzuregen, den Kopf noch etwas mehr zu heben!
- Lassen Sie die Spieluhr lange Melodien spielen! Es kann sein, dass Ihr Baby sich beim Zuhören der Spieluhr auf die Unterarme stützt.

Das Gehen ist noch in weiter Ferne, aber das Beugen der Beine, das sich in diesem Alter beobachten lässt, kann noch unterstützt werden.

- Halten Sie Ihr Kind aufrecht unter den Armen fest und lassen Sie es mit den Füßen auf einer weichen Decke abfedern!

Achten Sie darauf, dass das Verhältnis zu Ihrem Baby nicht zu einer Trainerbeziehung degradiert wird. Vielmehr ist es wichtig, dass Sie sich vorstellen, wie Sie mit Ihrem Baby gemeinsam spielen. Aus dem Spiel entwickeln sich immer neue Ideen, was man noch tun könnte, und es lassen sich die wesentlichen Lernschritte von Kindern entwickeln. Bleiben Sie also in einer spielerischen Beziehung mit Ihrem Baby und üben Sie keinen Leistungsdruck aus.
Ihr Kind lernt nur das, wofür es bereit ist. Wenn es den Kopf heben will und die Muskeln entsprechend vorbereitet sind, wird es auch lernen, den Kopf hochzuhalten. Aber es will den Kopf nur hochhalten, wenn es auch etwas Interessantes entdecken kann.

Bildung im vierten Monat

Im vierten Monat entwickelt Ihr Kind allmählich eine klarere Sicht auf seine Umgebung. Es kann schon erste Dinge verstehen. Wenn es auf den Wickeltisch gelegt wird, weiß es, dass nun das unangenehme An- und Ausziehen der Kleidung erfolgt. Wenn es beim Vater im Arm liegt, ist das Saugen weniger präsent als beispielsweise bei seiner Mutter. Es sieht die Spielsachen, die im Bettchen liegen und den Kinderwagen mit seinen Spielsachen. In diesem Monat kann gezielte Anregung beginnen, um Dinge und Umgebung miteinander zu verknüpfen. Auch für bestimmte Geschehnisse lohnen sich Rituale. So kann beispielsweise immer vor dem Wickeln ein bestimmtes Glöckchen bewegt oder das Mobile angestoßen werden.

Aber das Wesentliche ist immer noch die Wahrnehmung der Welt über den Körper des Kindes. Wenn der Körper sich auf die andere Seite rollt, eröffnet sich eine neue Sicht des Zimmers, und das Glücksgefühl, eine neue Entdeckung gemacht zu haben, stellt sich ein. Denn über die Körperwahrnehmung entwickeln sich Emotionen. Diese sind eng an die Körperlichkeit gebunden und tragen dazu bei, dass sich die kindliche Persönlichkeit allmählich herausbildet.

Sich selber suchen

In diesem Monat fängt der Ich-Bildungsprozess an, weil das Kind allmählich aus der engen Mutter-Kind-Verbindung heraustritt.

Ich-Stärke ist eine zentrale Fähigkeit. Dies bedeutet, dass ein Mensch unabhängig von Autoritäten wird und aus sich heraus Maßstäbe entwickelt. Dies ist natürlich im Säuglingsalter noch nicht vollständig möglich, aber hier werden die entscheidenden Grundlagen gelegt.

Wichtig ist, dass das Kind beginnt, sich und andere zu unterscheiden. Dazu ist es sinnvoll, das eigene Spiegelbild kennenzulernen. Manchmal lacht das Baby sogar sein Spiegelbild an oder guckt verwundert auf dieses für ihn fremde Lebewesen.

Ganz zentral in diesem Alter ist die Auseinandersetzung mit der Realität. So ist die Frage, was auf dem Spiegel zu sehen und wer wirklich im Raum ist, zwar bereits gestellt, kann aber von einem vier Monate alten Kind noch nicht beantwortet werden.

- Lassen Sie Ihr Baby den eigenen Körper fühlen! Berühren Sie mit einem Wattebausch, einem Samtstoffstück oder einem anderen weichen Objekt – wie etwa einem seidigen Tuch – verschiedene Körperteile Ihres Babys, wenn es nackt ist! Benennen Sie diese Teile dabei!
- Lassen Sie Ihr Kind vor einem großen Spiegel sein Spiegelbild ansehen!

- Geben Sie Ihrem Kind die Gelegenheit, Ihr Gesicht genau anzuschauen und drücken Sie Ihre jeweiligen Gefühle mimisch klar aus! Spielen Sie kein Freundlichkeitstheater, sondern seien Sie authentisch! Das Kind lernt durch Ihr Beispiel verschiedene Formen des mimischen Ausdrucks. Es kann dann selbst Traurigkeit oder Freude besser zeigen. Denn wenn Sie breit lächeln, öffnet es den Mund manchmal als Imitation ganz breit. Wenn Sie kritisch abwägend Ihren Mund zuspitzen, können Sie erkennen, dass das Kind dies ebenso nachmacht.
- Stehen Sie zu den verschiedenen Gefühlsrichtungen! Ihr Baby hat im Inselkortex des Gehirns eine Region, die es ermöglicht, dass es auf beobachtete Emotionen reagiert. Je mehr verschiedene Reaktionen Sie anbieten, umso reichhaltiger wird das Spektrum seiner eigenen Ausdrucksfähigkeit an Gefühlen.
- Animieren Sie das Erkennen des eigenen Körpers, indem Sie das Baby sanft mal an der Hüfte, mal am Knie, mal an den Fingern, mal an den Ohren mit Ihren Fingern antippen oder anstupsen!
- Machen Sie Gesten des Kindes nach, damit es sich verstanden fühlt!

Das Kind fühlt sich mit der umgebenden Welt noch als Einheit. Geben Sie ihm Gelegenheit, sich auch als etwas anderes zu begreifen, indem Sie seine Lage verändern. Das geht besonders gut durch Hochheben, wobei eine neue Perspektive auf den Raum entsteht. Wenn das Kind von oben nach

unten in den Raum blickt, hat es ein ganz anderes Körperlagegefühl, als wenn es immer auf seiner Decke liegt.
Bei jedem Entwicklungsschritt ist es auch wichtig, dass die Eltern lernen, anders zu denken. Es kommt nicht darauf an, dass Übungen zum Selbstwahrnehmen durchgeführt werden. Wichtig ist, dass die Eltern auch real denken und fühlen, dass ihr Baby ein eigenes Wesen ist. Wenn man sein Kind zu sehr als sein Besitz ansieht und nicht als eigenständiges Wesen, kann man es nicht aus dem Inneren heraus in seiner Eigenständigkeitsentwicklung unterstützen.

Kommunikation verdichtet sich

In diesem Alter bereitet das Lachen des Kindes große Freude. Es lächelt nicht nur einige Male, sondern sehr oft, und lacht manchmal dabei sogar ganz laut. Wesentlich ist auch, dass die Emotionsentwicklung Ihres Babys differenzierte Anregungen bekommt. Das Kind braucht im Säuglingsalter reichhaltige Erfahrungen mit Emotionen, um eine differenzierte emotionale Struktur zu entwickeln, aus der sich dann das Denken entwickeln kann.

- Beugen Sie sich ruhig lächelnd mit Ihrem Gesicht zum Baby, bevor Sie es aufnehmen! Sie werden immer öfter mit seinem Lächeln beschenkt werden.
- Unterstützen Sie das Lachen, indem Sie mit dem Kind scherzen und es durch Ihre eigene Fröhlichkeit zum Lachen auffordern! Am Strampeln und Lächeln des Kindes erkennen Sie, dass Ihr scherzhaftes Sprechen, Ihr

Antippen am Knie oder Bauch oder Ihre sonstigen Berührungen seines Körpers angekommen sind.

- Schauen Sie das Kind an und „sprechen" Sie zu ihm mit Ihrer Gesichtsmimik! Sie können freundlich nicken und zweifelnd die Augenbrauen hoch ziehen. Das Kind spürt die Bedeutung. Zeigen Sie die jeweiligen mimischen Ausdrucksweisen klar und deutlich!
- Übersetzen Sie das, was das Kind in einem Augenblick wohl denken könnte, und sagen Sie „Du willst wohl den Ring festhalten", „Du versuchst, mit der Glocke zu wackeln". Unterstützen Sie das Gesagte mit eigenen Gesten!
- Teilen Sie Ihrem Kind mit, was Sie gerade machen! „Jetzt reibe ich deinen Rücken ganz weich mit Öl ein." „Jetzt kannst du im Badewasser vor und zurückschwimmen."
- Fangen Sie an, mit dem Kind zu scherzen. Das schafft fröhliche Stimmung, die beim Kind ankommt. Sie können sich da viel ausdenken, z. B.: Stupsen Sie Ihr Baby mit dem Finger am Fuß an und fragen Sie scherzhaft: „Na, du kleine Zappelmaus, was macht dein Bein jetzt?"

Aber bleiben Sie immer Sie selber. Heucheln Sie nicht Fröhlichkeit, wenn Sie nicht fröhlich sind. Ihr Baby nimmt die wahre Stimmung wie mit feinsten Sensoren auf. Sie können nur dann scherzen, wenn Ihnen dazu zumute ist. Prüfen Sie sich selbst, wie Ihre Stimmung ist, und zeigen Sie nur das, was echt ist und keine Schauspielerei. Sie sind ohnehin kein Berufsschauspieler.

Die Dinge mit den Augen verfolgen

Jetzt ist das Baby mit den Augen in der Regel sehr aktiv. Es interessiert sich deutlich für seine Umwelt. Es schaut genau auf Interessantes. Das muss nicht unbedingt das sein, das Sie ihm anbieten. Ihr Kind weiß selbst, was es will.

Manchmal kann es nur ein Detail wie das Band der eigenen Mütze sein, das große Faszination ausübt. Es ist flexibel, verändert ständig die Form, man kann es in die Hand nehmen und bewegen. Welch vielfältige Erfahrungen sind mit so einem einfachen Bekleidungsteilstück möglich!

Drängeln Sie es nicht, das interessant zu finden, was Sie gerade anbieten. Für das Kind ist vor allem wichtig, was es damit tun kann. Wenn es einen Ring als Greifring auffasst, dann hat es schon wichtige Aspekte erkannt und findet den Ring auch wichtig. Nur wenn das Kind mit Dingen etwas anfangen kann, wird es sich auch länger dafür interessieren.

- Bieten Sie ihm Abwechslung beim Sehen! Wenn es bislang nur einen runden roten Stoffball gesehen hat, kann es jetzt einen eckigen roten Würfel geboten bekommen.
- Bewegen Sie diesen neuen roten Gegenstand hin und her vor seinen Augen!
- Lassen Sie mehrere Sekunden lang interessante Töne seitlich vom Baby erklingen, damit es dann seinen Kopf oder seine Augen dorthin wenden kann.
- Drehen Sie Ihr Baby in Bauchlage! Ziehen Sie eine silberne Kugel oder Glocke oder sonst einen glitzernden Gegenstand am Faden vor dem Kopf langsam vorbei und geben

Sie ihm die Chance, das glitzernde Objekt mit den Augen nachzuverfolgen! Wenn der Gegenstand sehr interessant ist, wird das Baby von sich aus versuchen, dabei die Unterarme zu stützen und den Kopf noch ein wenig mehr hochzuheben. Vielen gelingt es in diesem Alter bis 90 Grad.

- Legen Sie das Baby in Rückenlage und ziehen Sie eine silberne Kugel oder etwas Blinkendes in Kreisen über seinem Gesicht herum!
- Beginnen Sie die ersten Anregungsspiele, indem Sie eine Sache immer wieder zeigen und verschwinden lassen und das sprachlich unterstützen: „Wo ist der Hase? Da ist der Hase! Wo ist der Hase? Da ist der Hase!“

Nicht nur Gesehenes, sondern auch Gehörtes ist von großem Interesse. Sie können beobachten, dass Ihr Kind beginnt, nach Geräuschquellen zu suchen. Unterstützen Sie dies, indem Sie immer wieder einen kleinen Gong, eine Glocke oder einen Flötenton im Raum erklingen lassen! Das regt Ihr Kind an, nach der Quelle des Geräuschs zu suchen und die Augen dorthin zu wenden.

- Versuchen Sie, Ihre eigenen Finger als interessantes Fingerfigurentheater zu gebrauchen und dem Baby eine interessante bewegliche Show zu bieten! Wollen Sie mit den Fingern Spiele vormachen, dann ist es besonders faszinierend, wenn Sie glänzende Ringe am Finger tragen. Attraktiv für diese Altersstufe sind silbern oder golden glänzende Ringe oder solche mit einem glitzernden oder das Licht reflektierenden Stein.

- Sprechen Sie das Baby aus etwas Entfernung an! Sie werden sehen, dass es jetzt immer häufiger versucht, darauf zu reagieren. Es erkennt bekannte Stimmen und richtet die Aufmerksamkeit dorthin.
- Lassen Sie einen Luftballon über seinem Bettchen schweben! Besonders spannend ist es, wenn der Luftballon am Arm Ihres Kindes befestigt ist, dann kann es mit seinen Körperbewegungen auch die Position des Luftballons beeinflussen.
- Genießen Sie es, dass Sie mit Ihrem Baby auch den eigenen Körper noch einmal neu entdecken können! Betrachten Sie die Anregungen nicht als lästige Übungen, sondern als Bereicherung für Ihr eigenes Leben!

Fingerspiele und Greifen

Die Finger sind ein bewegliches und hochinteressantes Spielzeug. Sie werden immer häufiger beobachten, dass Ihr Kind mit seinen Fingern spielt oder sie aufmerksam anschaut und dabei einknickt oder die Hand seitlich bewegt. Die eigene Hand ist ein wunderbarer Lerngegenstand, denn das Baby kann sie willkürlich bewegen und in verschiedenen Positionen anschauen.

Noch weiß es nichts von der Kausalfolge der Bewegung und dem unterschiedlichen Bild, das die Finger und die Hand bieten können. Aber die Hände sind ein flexibles und gut zu beobachtendes Objekt.

- Lassen Sie Ihr Kind in Rückenlage liegen und seine eigenen Finger betrachten! Oft hält es jetzt die Hände offen und bewegt die Finger hin und her: ein wunderbares, natürliches Spielzeug! Damit Ihr Kind das häufig erproben kann, decken Sie seine Arme nicht mit einer schweren Decke zu, sondern geben Sie ihnen Bewegungsfreiheit!
- Zeigen Sie Ihre Freude, wenn Ihr Kind mit den Händen spielt!
- Animieren Sie das Kind, mit der Hand umzugehen, indem Sie die Finger streicheln und anregen!
- Fangen Sie die ersten einfachen Fingerspiele an wie: „Eins, zwei, drei, vier – und der Daumen ist hier“ und streicheln Sie bei jeder Zahl einen Finger und am Schluss den Daumen!
- Wiederholen Sie dieses Fingerspiel möglichst oft!
- Geben Sie dem Baby griffgerechte Spielsachen ins Bettchen! (Achten Sie beim Kauf darauf, dass die Farben keine Schadstoffe abgeben.) Damit ist es leicht, die Hand zu öffnen und zielgerichtet zu ergreifen. Sie werden sehen, dass das Kind immer öfter versucht, die Gegenstände in den Mund zu stecken und damit lernt, sie wirklich zu begreifen.
- Geben Sie Ihrem Baby eine weiche Gummifigur, damit es diese mit den Händen zusammendrücken kann!
- Legen Sie attraktive Gegenstände in Reichweite seiner Arme! Das regt an, die Hand danach auszustrecken.
- Geben Sie ihm unterschiedliche Materialien zum Ergreifen wie Gumminoppen, glattes Plastik, Frotteepuppe, damit es die Materialunterschiede beim Ergreifen fühlt!

Die eigene Hand ist interessant.

© muro – Fotolia.com

Dinge mit dem Mund erkunden.

Das Baby kann jetzt schon lernen, zwei Spielsachen miteinander zu koordinieren. Legen Sie also zwei einfach zu ergreifende Gegenstände in sein Bett. Manchmal gelingt es dem Baby, beide festzuhalten, ohne eines wieder loszulassen.

Mit dem Kopf in die Welt

Einige Kinder können in diesem Monat schon den Körper auf die andere Seite bewegen, was mit dem großen, schweren Kopf nicht leicht ist. Aber auch in der Sitzhaltung hält es den Kopf jetzt von allein länger als 15 Sekunden hoch und hat damit einen viel größeren Gesichtsradius.

- Lassen Sie ein Glöckchen auf der anderen Seite des Kopfes erklingen! Dies kann eine Anregung sein, sich auf die andere Seite zu drehen.

- Legen Sie das Kind bäuchlings auf eine weiche Unterlage, das animiert es, mit Armen und Beinen „herumzurudern“ und so die für das Krabbeln wichtigen Muskelpartien am Rücken und Bein zu stärken!
- Ziehen Sie das Baby von der Rückenlage vorsichtig am Unterarm nach oben in die Sitzhaltung und geben Sie ihm die Chance, den Kopf zu heben!
- Geben Sie dem sitzenden Kind ab und zu durch Händedruck den Impuls, ein wenig zur Seite zu neigen! Achten Sie darauf, ob Ihr Kind dabei den Kopf aufrecht hält!
- Reden Sie mit anderen Menschen in Gegenwart des Kindes! Sie werden erstaunt sein, dass das Kind seine Augen immer wieder auf die sprechende Person richtet.
- Legen Sie das Baby auf ein Fell oder eine Decke mitten im Raum, dann fällt es ihm leichter, den Menschen, die sich im Raum bewegen, den Kopf hinzuwenden und ihnen mit dem Auge zuzuschauen!
- Das Baby hält mittlerweile seinen Kopf beim Sitzen kontinuierlich und muss nicht gestützt werden. Das erhöht die Möglichkeit, Neues zu sehen. Geben Sie dem Kind ein wenig von der Welt in sein Blickfeld! Es gelingt Ihrem Baby auch, den Kopf allein hochzuheben, wenn Sie es aus der Rückenlage mit Ihren Händen hochziehen, damit es etwas Neues sehen kann.

Denken Sie immer daran, wie weit entwickelt Ihr Baby ist und welche riesigen Fortschritte es nach der Geburt gemacht hat. Dieses Denken hilft, auch weitere Entwicklungsschritte zu meistern. Glauben Sie nicht, dass die einzelnen Entwicklungsschritte geringfügig sind! Wenn Sie diese kleinreden, werden sie auch klein bleiben.

Die Sprache entwickeln

Auch in diesem Monat kann Ihr Kind noch nicht sprechen, aber es gibt häufig Laute von sich. Manchmal ist zu erkennen, dass es seinem eigenen Lautprodukt zuhört. Es bringt immer öfter interessante Laute hervor, weil es einfach Spaß macht. Es ist noch nicht der Versuch, etwas auszudrücken, sondern eher die Lust, die eigenen Fähigkeiten zu erproben. Sie können in diesem Monat schon beginnen, kleine lautliche Varianten einzuführen. Denn auch das Kind erweitert sein Spektrum. Es klingt nicht nur nach „Ärä“ oder „Echi“, sondern auch nach „Essi“ oder „Öwö“. Wichtig ist aber für die Sprachentwicklung, dass es prinzipiell eine Antwort von Erwachsenen erhält, sei es Lautwiederholung oder Varianten.

- Wenn es so klingt wie „Iwih“, dann antworten Sie fragend: „Iwih – Owoh“?
- Wenn es klingt wie „Ülü, ülü“, dann können Sie in scherzendem Ton antworten: „Ilü, ilü“. Sie werden sehen, dass Ihre Resonanz Ihr Baby anregt, noch mehr Laute von sich zu geben.
- Schauen Sie dem Kind direkt in das Gesicht!

- Sprechen Sie das Kind, wenn es im Bettchen liegt, mit seinem Namen an! Bald – vielleicht im nächsten Monat – fängt es an, darauf zu reagieren und Sie anzuschauen.
- Beginnen Sie jetzt Sprach- und Wortspiele! Das geht ganz einfach. Sie müssen nur selber wollen. Beispiele wären: „Willst du was? Willst du was? Hast du Durst? Hast du Durst?" Durch Wiederholungen prägt es sich ein, das Baby kann das Regelmäßige erkennen. Der Singsang dabei ist ein Vergnügen und legt die Basis für Freude am Umgang mit der Sprache.

Wenn Sie dem Kind Lieder vorsingen, dann unterstützen Sie dies mit Arm- oder durch tänzerische Bewegungen. Halten Sie das Kind dabei auf dem Arm.
Alle Anregungen für Ihr Kind, ob es sich um die Sprache, um Fingerbeweglichkeit, das Sehen der Umwelt oder um Kommunikation handelt, sind nur dann sinnvoll, wenn Sie selber daran Spaß haben. Dann wird Ihr Baby dies auch als erfreuliche Entwicklung wahrnehmen. Sobald Sie mit schulischer Strenge auf Ihr Baby einwirken wollen, blockieren Sie wichtige Voraussetzungen für das Lernen, nämlich die gute Stimmung und die freudige Motivation.
Lassen Sie sich und Ihrem Baby die Freude am Leben! Alles, was an schönen lustvollen Erfahrungen aufgenommen wird, bleibt in der Erinnerung.

Bildung im fünften Monat

Seitens der Wissenschaft besteht hohe Übereinstimmung darüber, dass jedes Kind von Natur aus neugierig ist. Dies hilft beim Überleben. Durch die Neugier kann der Mensch sich besser mit seiner Umgebung auseinandersetzen. Alle Säugetierkinder zeigen dieses Verhalten, sie wollen lernen. Und genau diese Fähigkeit fängt das Baby in diesem Alter an herauszubilden. Dies geschieht allerdings immer in Verbindung mit Körperbewegung. Der frühe Erkenntnisdrang ist immer körperlich sichtbar. Das Baby dreht den Kopf zu etwas hin, nimmt es in die Hand oder in den Mund. Auch die Wahrnehmung, ob Sehen, Hören, Riechen oder Tasten, geschieht immer über den Körper und ist mit emotionalen Reaktionen verbunden.

Insgesamt werden die Bewegungen differenzierter. Es sieht fast so aus, als würde das Kind schon laufen wollen, wenn wir es aufrecht halten und die Füße auf die Unterlage setzen. Manchmal muten diese Bewegungen an, als würde das Baby beginnen zu tanzen.

Auch beim Sehen wird die Welt von Ihrem Kind genauer betrachtet. Allmählich werden nicht nur gelbe oder rote Flecken gesehen, sondern ganz genaue Figuren.

Die Welt ordnen

Ihr Kind hatte bislang nur diffuse Einzeleindrücke von der Welt gewonnen: hier ein rotes Etwas, das sich bewegt, und dort ein glitzernder Punkt und dahinter ein Klang. Je mehr einzelne Eindrücke es gibt, umso besser gelingt es, diese in ein Ganzes zu setzen.

Es fängt in diesem Monat an, immer bewusster von sich aus die Welt zu ordnen. Wenn es konzentriert mit etwas spielt oder auf etwas schaut, merkt es, wenn ein Geräusch nicht zum Spiel gehört, und schaut kurz dort hin und bald wieder zu seiner Sache.

Das Kind fängt jetzt auch an, Einzeleindrücke zusammenzuziehen. So kann es bestimmte Geräusche und Gerüche und Ereignisse miteinander verbinden. Wenn etwa der Kinderwagen vor die Haustür gestellt wird, dann bilden Geräusche, Handlungen und Gerüche eine Einheit und Ihr Kind spürt dies.

- Legen Sie bestimmte Spielsachen um die Wickelmatte immer an dieselbe Stelle, damit Ihr Kind Objekt und Umgebung besser zusammenbringen kann!
- Geben Sie ihm Dinge, die ähnlich sind, sich aber in einer Eigenschaft unterscheiden. So ist es sinnvoll, Gegenstände derselben Größe und Form, aber in unterschiedlichen Farben zu zeigen!
- Versuchen Sie, alltägliche Abläufe wie das Vorbereiten des Badens, der Gang zum Einkaufen oder das Wickeln immer nach einem ähnlichen Schema und am selben Ort zu machen! Begleiten Sie dies immer mit denselben Erklärungen! Dann erkennt Ihr Kind diese Szenen bald besser.

- Versuchen Sie, in der Wohnung eine gewisse Klarheit und Struktur zu schaffen! So kann Ihr Baby auch in seiner alltäglichen Umgebung eine geordnete Struktur vorfinden. Eine geordnete Struktur ist die Basis der Veränderung und Weiterentwicklung.

Sich selber finden

Das Ich eines Menschen ist ganz wesentlich für seine Stabilität. Ein Säugling muss erst lernen, dies zu erkennen. Dazu gehört es, sich von der Umgebung als abgegrenzt zu empfinden. Aber auch das Wissen, dass die eigene Umgebung bestehen bleibt, wenn sie mal nicht so ganz genau zu sehen ist, ist ein zentraler Weg zur Selbstfindung. Wichtig ist es, dass das Baby eine Beziehung von sich zu seiner Umgebung und den es umgebenden Menschen aufbaut. Ein guter Weg dazu ist das „Guck-Guck-Spiel". In späteren Monaten wird Ihr Kind das Spiel selber mit Ihnen spielen. Es gibt noch viele Varianten und Möglichkeiten, dem Kind bei der Selbstfindung zu helfen:

- Geben Sie einen kleinen Handspiegel mit Griff in seine Hand! Vielleicht kann es ihn schon kurz anfassen. So wird gefördert, dass das Baby versucht, hinter den Spiegel zu gucken.
- Stellen Sie sich zusammen mit dem Baby vor einen Spiegel und lächeln Sie das eigene Spiegelbild an!
- Halten Sie das Baby allein vor einen Spiegel und lassen Sie es die Faszination des gespiegelten Bildes spüren!

- Machen Sie des Öfteren das Kuckkuck-Spiel: Verstecken Sie sich oder ein Spielzeug hinter einer Decke oder einer Trennwand, rufen Sie das Kind: „Wo bin ich?“ und schauen Sie dann wieder hervor und ins Gesicht des Kindes! Dieses Versteckspiel lässt sich beliebig variieren und vielfach wiederholen. An der Freude des Wiedersehens mit dem vermissten Gesicht oder Spielzeug wird deutlich, dass das Kind dabei emotional stark beteiligt ist.
- Gewöhnen Sie das Kind schrittweise daran, längere Zeit auch auf dem Arm anderer Menschen zu bleiben! Erst dann ist es möglich, das Kind ohne Verlustempfinden auch mal für ein paar Stunden „Fremden“ zu überlassen.
- Geben Sie Ihrem Kind die Chance, sich selber anders zu erleben, sodass es Sie nicht nur im Liegen von unten nach oben sehen, sondern auch einmal groß über Ihnen schweben kann! Legen Sie sich dazu hin und lassen Sie Ihr Kind auf Ihren Beinen „reiten“, d. h. auf dem Bauch liegen und auf Ihr Gesicht herunter schauen. Diese Erfahrungen erhöhen deutlich das Selbstbewusstsein.

Das Sich-selber-Finden ist auch eine Frage der Beziehung zu den Eltern. In diesem Alter kommt es mehr darauf an, wer beim Kind ist. Es hat sich als Teil der Beziehung zu seinen engsten Bezugspersonen erkannt und kann Probleme machen, wenn Sie sich mal einen Theaterabend zu zweit gönnen wollen und das Baby samt abgepumpter Milch in der Flasche bei guten Freunden lassen. Vielleicht sind diese Freunde nur für Sie selber vertraut, aber für Ihr Baby fremd.

Freuen Sie sich darüber, dass das Kind nun seine Eltern schon so genau wiedererkennt.

Kommunikation weiterentwickeln

Noch sind die ungerichteten Äußerungen Ihres Babys ohne Bedeutung. Es bildet ganz von sich aus Laute, die vor allem Vokale enthalten. Besonders, wenn es entspannt in seinem Bettchen liegt, satt und zufrieden ist, brabbelt, gluckst oder gurrt es vor sich hin. Diese Töne sind in diesem Alter noch universal und nicht speziell für die eigene Muttersprache geformt. Es ist vorerst ein sprachlicher Ausdruck, der noch nicht vom Gehörten kommt. Auch Kinder, die selbst nicht hören können, bringen ähnliche Laute hervor. Lediglich der Klang und die emotionale Bedeutung der Sprache der anderen können vom Baby verstanden werden. Also wenn in traurigem Ton gesagt wird: „Oh, schade, jetzt ist die schöne Vase kaputt!", dann weiß das Kind in diesem Alter im Groben, worum es geht. Ausdrücken kann es Bedauern noch nicht, aber es beginnt es zu verstehen und lallt weiter mit den eigenen Sprachmöglichkeiten. Aber machen Sie sich auch keine Sorgen, wenn Ihr Baby nur selten Laute vor sich herlallt! Das ist individuell verschieden und kein dramatisches Zeichen. Wir Erwachsenen können kaum verstehen, was die einzelnen Laute bedeuten. Aber sie haben für das Kind Sinn und sind Teil seiner Lebensäußerung. Unabhängig davon, wie dies zu bewerten ist, bedeutet jede Art lautlicher Äußerungen ein Training der Ausdrucksfähigkeit.

- Quietschen Sie zurück, wenn Ihr Kind bei Ihrem Anblick quietscht!
- Variieren Sie die lautlichen Äußerungen des Kindes! Wenn es „Erererʺ sagt, antworten Sie mit „Araraŕʺ oder ähnlich!
- Schauen Sie dem Kind bei vielen Lautäußerungen ins Gesicht, damit es lernt, dass seine Kommunikation etwas bewirkt!
- Sprechen Sie das Kind in diesem Monat noch häufiger mit seinem Namen an! Es beginnt allmählich, diesen Namen zu verstehen. Je öfter es ihn auf sich bezogen hört, umso eher gelingt dies.
- Antworten Sie auch viel in Ihrer Sprache, damit das Baby schrittweise die eigene Muttersprache besser kennenlernt!
- Drücken Sie Ihre Gefühle mimisch aus und lassen Sie dies das Baby sehen! Es kann jetzt seine eigene Stimmung schon mimisch ausdrücken und bekommt durch Ihr Vorbild noch weitere Ausdrucksmuster präsentiert. Besonders Ärger und liebevolle Gefühle sollten Sie, wenn sie zutreffen, zeigen. Beides nimmt das Baby dann deutlich wahr und kann diese Gefühlslagen selber noch besser artikulieren.
- Sprechen Sie weiterhin darüber, was Sie gerade tun! So lernt das Baby, die Welt besser verstehen, und spürt gleichzeitig, dass Sie es gut mit ihm meinen.

Ganz selten kommt es in diesem Monat sogar vor, dass das Baby laut lacht. Zeigen Sie in diesem Fall, wie sehr Sie das erfreut, und lachen Sie laut zurück.

Dinge erfassen

Jetzt steckt Ihr Kind nicht nur die Finger, sondern auch immer häufiger kleine handliche Objekte in den Mund. Wenn es eine Sache sehr interessant findet, versucht es mehrfach, diese mit der Hand zu erreichen. Aber auch insgesamt versucht das Kind, sich den Dingen zu nähern. Wenn es etwas Interessantes sieht, dann rudert es quasi mit den Armen, um dahin zu kommen. Besonders auffällig ist, dass das Baby in diesem Alter ganz ernsthaft an neue Dinge herankommen will. Es ist nicht mehr egal, was vor ihm ist, es sucht sich etwas Bestimmtes aus. Das merkt man vor allem daran, dass Ihr Kleines jetzt schon richtig ärgerlich werden kann, wenn es etwas nicht erreichen kann. Es fängt zunehmend heftig an, mit dem ganzen Arm auf Dinge zugreifen zu wollen. Das wirkt zuweilen so, als wolle das Kind herumschlagen, aber es will nur Dinge entdecken und benutzt dafür mehr als die Hand.

Die Neugier des Kindes wird immer größer. Es braucht jetzt gleich nach dem Wachwerden etwas Interessantes.

- Geben Sie Ihrem Kind immer zwei – möglichst nicht mehr – Objekte zur Wahl neben den Kopf ins Bettchen, damit es diese ergreifen kann! Greiflinge, Ringe, leichte Stofftiere oder -puppen eignen sich besonders. Ein Ball bietet dagegen keine „Angriffsfläche".
- Geben Sie immer wieder leicht greifbare Spielsachen in seine Hand!

Die eigenen Füße als Entdeckung.

- Lassen Sie Dinge wie kleine Figuren über dem Bettchen baumeln! Sie werden sehen, dass das Baby immer öfter danach greift.
- Legen Sie das Kind in Bauchlage auf eine festere Unterlage! Das macht es ihm leichter, sich auf den Unterarm aufzustützen und mit den Armen nach interessanten Spielsachen vor ihm zu greifen.
- Lassen Sie das Kind in Rückenlage ohne Zudeckbett liegen! Manchmal greift es nicht nur seine Hände, bewegt sie hin und her und ertastet die Finger, sondern schaut sich dabei mit Genuss die sich bewegenden Füße an oder bewegt vor Wonne die Füße und versucht mit ihnen zu spielen, auch wenn die Arme meist nur bis zum Knie reichen.

- Heben Sie Ihr Kind auf und helfen Sie ihm, höhergelegene Dinge mit den eigenen Händen zu erfassen! Aber nehmen Sie ihm nicht die ganze Mühe ab, sondern ermöglichen Sie ihm, es selber zu schaffen! Nur unüberwindliche Höhen, Entfernungen oder Ecken sollten Sie ihm erleichtern.
- Hängen Sie Dinge in Körpermitte über dem Baby auf, damit es aus der Rückenlage Gegenstände mit beiden Händen ergreifen kann!

Achten Sie darauf, dass die im Bettchen angebotenen Spielsachen nicht zu groß sind, damit Ihr Baby sie nicht nur in den Mund nehmen, sondern auch von einer Hand in die andere legen, sie drücken oder reiben kann!
Dennoch sollten dem Baby auch einige überdimensional große Dinge gezeigt werden, wie ein Wasserball, ein Riesenluftballon oder ein Luftkissen. Ihr Kind wird anfangs nur zufällig dagegentippen, dann aber merken, dass es mit seinen eigenen Armen schafft, eine so große Sache zu bewegen. Das macht Spaß und tut gut.
Wichtig bei allen Übungen ist, dass sie lustvoll gemacht werden. Wenn diese Anregungen zu Stress verkommen, sollten Sie sie lieber lassen. Ein Baby lernt lustvoll und sollte dabei auch eine lustvolle Umgebung spüren.

Sich selber in die Welt bewegen

In diesem Monat beginnt der Weg des eigenen Körpers in die Welt deutlich sichtbar zu werden. Aus der Bauchlage stützt sich das Baby schon mit dem Unterarm auf und schaut interessiert herum in der Welt. Auch der Kopf kann jetzt gut gehalten werden, sodass das Baby fast einen Rundumblick hat, wenn es aufgestützt auf dem Bauch liegt.

- Halten Sie das Kind senkrecht vor sich hoch und geben Sie ihm die Gelegenheit, den Kopf länger hochzuhalten und dabei etwas Neues, Interessantes zu sehen!
- Lassen Sie sich Zeit beim Windelwechseln! So hat das Baby Gelegenheit, ausgiebig mit den Beinen in der Luft herumzurudern. Damit es nicht friert, eignet sich eine Rotlichtlampe über dem Wickeltisch.
- Geben Sie dem Baby die Gelegenheit, sich in Wasser zu bewegen! Die reflektorischen Schwimmbewegungen sind manchmal noch zu sehen. Wichtiger ist aber dabei, dass Ihr Kind die Leichtigkeit des Fortbewegens im Wasser genießen kann. Natürlich müssen Sie das Kind dabei mit Ihren Händen gut unter dem Bauch stützen.

Ihr Baby wird immer aktiver, die Dinge der Welt für sich zu begreifen. Vertrauen Sie auf seine Eigenaktivität! Schauen Sie immer, was das Kind sehen oder ergreifen will. Der eigene innere Antrieb ist der wichtigste Motor, sich die Welt zu erschließen. Nur was Sie als Spaß am gemeinsamen Erleben entwickeln, hilft dem Kind weiter.

Bildung im sechsten Monat

In diesem Monat entwickelt sich beim Kind neurobiologisch die Fähigkeit Wörter zu erkennen. Bleiben Sie dabei und fördern Sie dies weiter durch sprechendes Begleiten Ihres Tuns!

Die Beweglichkeit steigt

Das Baby entwickelt sich im ersten Lebensjahr von einem liegenden Lebewesen hin zu einem sich bewegenden Menschen. Dies ist ein natürlicher Vorgang, der aber auch durch Anregung unterstützt werden kann.
Nun sind Drehen, Kopfheben, Abstützen, Schaukeln und viele andere Bewegungsversuche möglich. Geben Sie variantenreiche Anregungen, diese Fähigkeiten weiter auszubauen!
Jetzt können Sie dem liegenden Baby hell tönende oder quietschende Spielsachen auf eine Seite legen und es dadurch animieren, sich liegend umzudrehen, um den Kopf auf die andere Seite wenden zu können.

- Legen Sie abwechselnd eine Spieluhr rechts oder links oberhalb des Kindes auf die vom Gesicht abgewandte Seite! Ziehen Sie die Spieluhr auf, damit sie lange ihr Liedchen vorspielen kann! Sie regen das Kind so an, sich noch mehr aus der Rückenlage in die Bauchlage umzuwenden oder von der Bauchlage in die Rückenlage.
- Bevorzugen Sie für das Kind in Ihren Armen ruhende und schwebende Lagen und geben Sie es nicht so oft

in Sitzhaltung! Sie belastet die Wirbelsäule, daraus entwickelt sich aber keine eigenständige Bewegung.

In diesem Alter ist viel aktives Bewegungstraining zu beobachten. Das Baby schwimmt und rudert mit den Armen. Es sieht so aus, als wolle es vorwärtskommen.
Diese Aktivität kann angeregt werden, wenn sie eine interessante Sache vor das Kind legen.

- Gehen Sie öfter mit dem Baby in ein Schwimmbad mit sehr warmem Becken, das für Säuglinge geeignet ist! Nehmen Sie kleine bunte Plastikformen oder -eimer mit. Sie werden sehen, wie das Kind mit den Armen auf diese auf der Wasseroberfläche schwimmenden Dinge zurudert.

Im Schwimmbecken mit bunten Gegenständen.

- Falls Ihr Baby sich schon auf die Hände gestützt aufrichten kann, sollten Sie ihm gegenüber auf Augenhöhe liegen und in gewissem Abstand vor seinem Kopf ein attraktives Spielzeug wie ein Glöckchen halten und es ein wenig zu sich hin bewegen, um das Kind zum Krabbelversuch zu animieren.

Manche Babys fangen an, sich gegen Ende des sechsten Monats auf die Hände mit ausgestreckten Armen aufzustützen.

- Für den Wunsch zu krabbeln ist es günstig, wenn Sie dem Kind gegenübersitzen, sodass es Lust bekommt, Ihre Brille, Ihre Haare oder Ihre Nase zu ergreifen, und den Versuch startet, vorwärtszukommen.
- Besonders animierend ist es, wenn Sie in kleinem Abstand vor den Augen des Kindes einen glitzernden Fingerring langsam hin und her bewegen.
- Lassen Sie Ihrer Fantasie freien Lauf, es gibt so viele Möglichkeiten, einen halbjährigen Säugling zum Greifen anzuregen! Am besten ist es, Sie lassen sich aus der Situation heraus leiten.

Die Welt erkennen

Ihr Kind beginnt immer mehr, das, was es sieht, hört, tastet oder riecht, auch im Kopf zu ordnen. Deshalb ist es wichtig, dass das, was es kennt, auch noch in verschiedenen Varianten angeboten wird.

In diesem Alter beginnen die Dinge immer wichtiger und interessanter zu werden. Ihr Kind kann sie von einer Hand in die andere legen und variiert damit die Gegenstände von allein. Dies führt zu einer vertieften Erfahrung und einem variantenreichen Begreifen. Dadurch steigt die Aufmerksamkeit für die Dinge der Welt. Die Hauptbezugspersonen sind nicht mehr die einzig Wichtigen in der Lebenswelt der Babys, sondern die Gegenstände nehmen einen zunehmend größeren Stellenwert ein. Passen Sie allerdings auf, dass Sie keine sehr kleinen Dinge in Greifnähe zurücklassen, an denen sich Ihr Baby verschlucken könnte. Denn sicher ist, dass jeder Gegenstand von der Hand in den Mund kommt.

Noch nimmt das Kind die Welt mit dem ganzen Körper auf, sodass Ganzkörpererfahrungen von besonderem Wert sind, um die Welt zu erkennen.

- Stellen Sie Ihrem Kind neue Weltausschnitte zur Verfügung, die Gerüche im Gewürzhandel oder auf dem Wochenmarkt, das Rauschen der Blätter im Wald, das Plätschern eines Flusses … alles dies sind Anregungen für ein Baby, das Neue sinnlich aufzunehmen! Aber auch im Haus gibt es viele neue Erfahrungen zu machen.
- Legen Sie eine gut greifbare Sache wie eine kleine Stoffpuppe oder eine kleine Rassel seitlich neben Ihr Baby! Es wird dieses Objekt bald in die eine Hand und bald in die andere legen. Dadurch wird die Rassel oder Puppe auch von verschiedenen Seiten betrachtet und besser verstanden.

- Rascheln Sie mit Zeitungspapier, zerreißen Sie es, knüllen Sie es zu einem Ball zusammen! Lassen Sie Ihr Baby dabei zuschauen!
- Tragen Sie Ihr Kind, wenn Sie durch den Raum gehen, mit seinem Rücken zu Ihnen gewandt und mit dem Gesicht in Richtung Raum! Es wird sich so allein aussuchen, was es gerne genauer anschauen will. Die selbst erkannten interessanten Dinge sind die wirklich faszinierenden und führen zu noch intensiverer Auseinandersetzung.
- Geben Sie ihm immer wieder den Genuss, die Welt von oben, von unten, von der Seite, schwingend und ruhend, seitlich schaukelnd und herabsinkend zu erleben!
- Kommentieren Sie immer mit einfachen und klaren Sätzen, was Ihr Kind sieht und erlebt, z. B.: „Jetzt siehst du den Tisch von oben", „Der Ball ist blau" …
- Sprechen Sie weiterhin viel mit Ihrem Baby, aber versuchen Sie auch, Abwechslung einzubauen! Wenn Sie singen, sind das ganz neue Töne für das Kind. Wenn Sie mit der Zunge schnalzen oder andere Klicklaute von sich geben, werden Sie merken, dass das die Aufmerksamkeit Ihres Kindes hervorruft. Es wird sein Gesicht danach wenden. Sie selbst werden erstaunt sein, was Sie mit dem Mundraum als Klanginstrument für Varianten schaffen. So wird für das Kind durch den Kontrast zur üblichen Sprache die Besonderheit und Andersartigkeit dieser neuen Laute deutlich.
- Entwickeln Sie auch rhythmische Begleitungen von Bewegungsabläufen! Sie sagen z. B.: „Schaukeln, schaukeln,

schaukeln – jetzt ist Pause, jetzt ist Pause. Schaukeln, schaukeln, schaukeln – jetzt ist Pause, jetzt ist Pause …" Während Sie etwas sagen, machen Sie auch die entsprechende Bewegung mit Ihrem Baby, also schaukeln Sie es seitlich hin und her und lassen Sie seinen Körper bei der Pause auf der Stelle und berühren dabei den eigenen Oberkörper mit seinen Füßen.

- Eine andere Variante ist es, mit den Fingern Theater zu spielen. Besonders attraktiv ist dabei, wenn Sie einen Ring tragen, der die Aufmerksamkeit des Kindes erregt hat. Dann tippen Sie mit dem Finger auf den Teppich vor dem Baby mehrfach auf und sagen mit tiefer Stimme: „Tup, tup, tup, tup, tup". Dann erheben Sie die Stimme und die Hand nach oben und sagen: „Fiiiiiiiip". Wiederholen Sie diesen Wechsel von unten und oben sowie tief und hoch mehrfach!
- Sehr ansprechend sind diese Fingerspiele, wenn Sie einen auffälligen Stein auf der Oberseite eines Rings tragen. Spielen Sie dann das Versteckspiel mit dem Ring, dass er rhythmisch viermal von vorn zu sehen ist, was mit dem Sprachspiel „Lik, lik, lik, lik" oder mit einer anderen Variante begleitet werden kann. Dann wenden Sie den Ring nach hinten, sodass der Stein nicht sichtbar ist, und begleiten Sie die Fingerbewegung mit dem „Begleitreim" „Tuk, tuk, tuk, tuk"!
- Auch die klassischen Bewegungsspiele wie „Hoppe, hoppe, Reiter, wenn er fällt, dann schreit er, fällt er in den Graben, fressen ihn die Raben, fällt er in den Sumpf, macht der

Reiter plumps" können schon in diesem Alter begonnen werden. Der Wechsel des Körpergefühls mit der Hüpferfahrung beim „Reiten", der Seitbewegung beim „Graben" und der Kopfüberbewegung bei „plumps" sind Erlebnisse des Körpers, die die Welt öffnen. So lernt das Baby klarer die Umwelt und auch den eigenen Körper erleben.

- Tragen Sie nicht nur das Kind dicht an Ihren Körper gelehnt, sondern lassen Sie es auch ab und zu „Flieger spielen", stützen Sie es mit ausgestreckten Armen am Bauch und lassen Sie es von oben auf Sie herabblicken! Der „Flieger" kann kreisen, kleine Hüpfer machen und einfach einige Sekunden ganz ruhig schweben. Wichtig ist für Ihr Baby, so die Welt von oben sehen zu können.
- Das akustische Verstehen wird immer genauer. Jetzt ist es möglich, Ihre Stimme auch aus einer gewissen Entfernung herauszuhören. Versuchen Sie, wenn Sie im Kreis von mehreren Menschen sind und das Baby bei einer anderen Person auf dem Schoß sitzt, es von weiter her anzusprechen, am besten im Singsang seines Namens. Sie werden erstaunt sein, dass sich das Kleine Ihnen tatsächlich mit dem Kopf zuwendet.
- Nun kann sich Ihr Baby schon ein wenig aufmerksamer der Welt zuwenden. Fangen Sie so früh wie möglich an, es mit Büchern vertraut zu machen. Für dieses Alter gibt es hervorragende Stoffbücher, die klar abgegrenzte Objekte pro Seite auf farblich leuchtendem Untergrund zeigen. Manche dieser Stoffbücher sind nicht nur optisch ansprechend, sondern auch mit weiteren sinnlichen An-

regungen wie Knistern, taktilen Reizen wie Noppen, aufgenähten Spiegeln oder eingebauten Quietschgummis ausgestattet. Nehmen Sie das Kind so auf den Arm, dass es die verschiedenen Seiten in Ruhe sehen und das Buch immer wieder in den Mund nehmen kann, um die abgebildeten Objekte besser zu erfassen! Wiederholen Sie das „Vorlesen" eines Buches! Dann wird jede Seite nach und nach vertraut.

- Geben Sie Ihrem Kind ein Buch zum Selbererkunden! Sie werden sehen, wie viel Aufmerksamkeit ein Säugling schon Abbildungen in Büchern entgegenbringt.

Aber auch der ganz gewöhnliche Alltag ist eine Quelle von Anregungen für das Kind im sechsten Monat. Der gedeckte Tisch ist eine wahre Wunderwelt von blinkendem Besteck und hell leuchtenden Tellern. Sie sollten nicht nur die Teller vor dem Zerschellen auf dem Fußboden schützen, denn Ihr Kind hat jetzt schon einen festen Griff und kann das Geschirr mit der Hand ergreifen – und auch vom Tisch herunter schmeißen. Aber lassen Sie ihm die Teelöffel, das sind wunderbare Objekte, um sie in den Mund zu stecken und

Ein Buch ist interessant.

zu erkunden. Schauen Sie, welche Dinge beim Essen durchaus in Griffweite Ihres Kindes bleiben dürfen! Auch das kurze Anfassen der Teller ist eine wunderbare Erfahrung für Ihr Baby. Wenn Sie dabei aufpassen, kann nichts passieren und der Erkundungsdrang Ihres Babys bleibt ungebrochen und das Geschirr unzerbrochen.

Regen Sie sich nicht auf, wenn der Teelöffel mal auf dem Fußboden landet! Für Ihr Kind ist es eine wichtige Erfahrung, dass eine Sache dieselbe bleibt, auch wenn sich die Lage ändert. Es schaut dem Löffel nach Möglichkeit hinterher. Nur wenn es wieder den nächsten Löffel auf dem Tisch entdeckt, ist der alte auf dem Fußboden vergessen und ein neues Stück der Besitzbegierde gefunden.

- Achten Sie darauf, dass das Kind in der Sitzhaltung auf Ihrem Schoß die Arme frei hat, damit es Dinge wie Teelöffel von einer Hand in die andere legen kann!
- Geben Sie dem Kind, wenn es auf einer Decke oder im Bettchen liegt, möglichst kleine Gegenstände, die es mit Daumen, Zeigefinger und Mittelfinger ergreifen kann, aber die nicht zu klein sind, dass es sie verschlucken könnte! Denn der Weg von der Hand in den Mund ist immer sehr kurz in dieser Altersstufe.
- Legen Sie das Baby in Bauchlage auf eine Decke! Warten Sie, bis es sich auf seine Unterarme oder gar seine Hände stützt und den Kopf hochhält! Lassen Sie ein interessantes Ding ein wenig vor dem Baby schweben, damit es versucht, mit einer Hand dorthin zu greifen!

- Lassen Sie einen Kassettenrekorder oder CD-Player in seiner Nähe spielen oder fangen Sie an, ein Lied zu singen, wenn Sie seitlich vom Kind sitzen! Dies animiert Ihr Kind, den Kopf dorthin zu wenden und noch aufmerksamer die Geräuschquelle zu beobachten.
- Geben Sie ihm ein leicht greifbares Glöckchen, damit es die Freude hat, derartige Geräusche selber hervorzubringen und ihnen zuzuhören!
- Lassen Sie Ihrem Kind die Sachen, die es sich ausgesucht hat! Es braucht Zeit, sie genau zu erkunden. Wenn Sie diese Dinge zu früh aus der Hand nehmen, ist das Baby unzufrieden. Es ist in einer wichtigen Erkundungsaufgabe gestört worden. Lassen Sie ihm die Konzentrationsfähigkeit!

Zur Welt gehört auch die soziale Welt. In diesem Alter sollten Sie Gelegenheiten wahrnehmen, Ihr Kind schrittweise mit anderen Gleichaltrigen oder etwas jüngeren bzw. älteren Kindern zusammenzubringen. Denn auch wenn die Kinder so wirken, als lägen sie nur nebeneinander, werden Sie bei näherem Beobachten feststellen, dass bereits erste Schritte des sich gegenseitig Berührens, Betastens oder Anschauens vorgenommen werden.
Andere Kinder sind eine wichtige Anregung für Ihr Kind. Wenn derartige Kontakte möglich sind, sollten Sie dies auch nutzen.

Gesichtsmimik zeigen

Das menschliche Gesicht ist das Wichtigste, was ein Säugling zu erkennen lernt, denn darin liegen Liebe, Zuwendung, Versorgung und Wärme verborgen.
In diesem Monat kann das Kind schon freundliche oder unzufriedene Mimik erkennen und auch am Klang der Stimme der Eltern herausfinden, ob sie sich freuen oder weniger gut gelaunt sind.

- Zeigen Sie weiterhin Ihr Gesicht genau, indem Sie sich immer wieder dem Baby direkt zuwenden!
- Geben Sie weitere Impulse für Ihr Kind, verschiedene Stimmungslagen voneinander zu unterscheiden. Zeigen

Beginn der Kontaktaufnahme.

Sie Ihr Gesicht, wenn Sie glücklich, aber auch, wenn Sie besorgt sind. Bleiben Sie aber bei echten Gefühlen und spielen Sie kein Gefühlstheater!

- Drücken Sie immer Ihr Glück aus, wenn Sie sich besonders über Ihr Baby freuen! Sagen Sie ihm ins Gesicht, dass Sie es wunderbar finden!
- Unterstützen Sie Ihre Gefühlsäußerungen mit Sprache wie: „Schade, nun ist die schöne Vase zerbrochen!" oder „Wunderbar, nun duftet der Braten herrlich". Ihr Kind verbindet so Mimik und Klangmelodie miteinander und baut einen reichen Erfahrungsschatz möglicher Gefühlsäußerungen auf.
- Suchen Sie Begegnungsmöglichkeiten mit anderen Babys, z. B. beim Babyschwimmen, der Babygymnastik, in der Familienberatungsstelle und bei einer der vielen anderen Organisationen! Lassen Sie Ihr Kind ins Gesicht des anderen Babys schauen! Meist freut sich jedes über den Anblick des neuen Babygesichts!

Es gibt viele Bereiche, die Ihnen und Ihrem Baby gleichermaßen guttun. So ist es auch beim Gefühlezeigen durch Mimik. Sie selber haben viel davon, wenn Sie sich gönnen, Gefühle nicht hinunterzuschlucken, sondern zu zeigen. Das stärkt Ihre Psyche. Und für Ihr Baby ist es gleichzeitig ein guter Anlass, die emotionale Intelligenz zu entwickeln.

Bindung festigen

Das Kind lernt Sie als Eltern als besondere nahe Menschen immer mehr kennen. Diese Bindung bildet den Unterbau für ein psychisch entspanntes Leben. Die psychische Gesundheit ist mindestens genau so bedeutsam wie die körperliche. Die meisten Eltern sorgen sich um gesunde Ernährung ihrer Kinder und um ausreichend Wärme, vergessen aber oft die Bedeutung der inneren Wärme, die durch eine psychisch stabile Beziehungserfahrung in frühester Kindheit besonders intensiv wächst. Hier kann sehr viel getan werden, damit das Kind eine sichere emotionale Beziehung von Anfang an aufbaut. Dazu gehört auch, dass Ihr Kind Sie immer genauer und mit großer Freude zu erkennen lernt.

Die kleinen Schritte dazu sind sehr einfach:

- Machen Sie sich selber klar, wie sehr Sie dieses kleine Lebewesen lieben!
- Geben Sie sich dem Kind durch besondere Laute, Klänge, Körperberührungen und Bewegungen besonders zu erkennen!
- Küssen Sie Ihr Baby geräuschvoll auf den Bauch!
- Genießen Sie den Hautkontakt mit Ihrem Baby, wenn Sie entspannt mit ihm dicht bei dicht im Bett, auf dem Sofa oder der Babydecke auf dem Teppich liegen!
- Tanzen Sie viel mit dem Kind auf dem Arm und wiegen Sie sich gemeinsam im Rhythmus!

- Rufen Sie einfach freudig aus, wenn Sie spüren, wie glücklich es Sie macht, dass dieses wunderbare Menschlein bei Ihnen ist!
- Das Baby ist jetzt in der Lage, anderen Menschen zu „antworten" und mit mehreren gleichzeitig in Verbindung zu bleiben, indem es seine eigenen Laute jeweils hinzufügt.
- Lassen Sie dem Kind aber auch Zeit, sich selbst und seinen in verschiedener Tonhöhe entwickelten Lauten zuzuhören! Wechseln Sie diese mit dialogischen Lautspielereien ab!
- Verlängern Sie die „Worte" Ihres Kindes, indem Sie zweisilbig auf seine einsilbigen Verlautbarungen antworten und es zu längeren Tonfolgen anregen!
- Lassen Sie dem Kind die Gelegenheit, auch mit anderen Menschen als den vertrauten Bezugspersonen zu scherzen! Es wird sonst schnell beginnen zu weinen, wenn es nicht die Hauptpersonen seines Lebens sieht. Lassen Sie ihm jetzt die Chance, ein wenig breitere soziale Beziehungen zu erfahren! Denn es kann schon den Unterschied zwischen vertrauten Personen und fremderen erkennen.
- Wenn Sie in diesem Alter das Stillen mit kleinen Gemüsebreimengen ergänzen, achten Sie darauf, dass die Breifütterung ebenso in engem Körperkontakt mit Ihnen erfolgt und nicht in Distanz – auch wenn sich das Verkleckern durch einen gewissen Abstand etwas reduzieren ließe!
- Geben Sie Ihrem Kind die Chance, von sich aus mit Ihnen Kontakt aufzunehmen! Setzen Sie sich ruhig in Sicht-

weise auf die Decke des Kindes und warten Sie, dass das Kind mit dem Arm nach Ihnen langt oder durch Plappern Kontakt aufnimmt!

Bindung ist nicht nur ein Thema im sechsten Monat, sondern das zentrale Thema des ersten Lebensjahres. Eine gelungene Bindung ist das A und O für eine gesunde psychische Entwicklung. Aber jetzt ist es schon angesagt, nicht nur die Bindung zu Ihnen zu festigen, sondern gleichzeitig erste Schritte in die Unabhängigkeit von Ihnen zu wagen. Das gelingt umso eher, je stabiler die Beziehung zu Ihnen ist.

Kinästhetische Wahrnehmungen fördern

Der Körper als Ganzes ist für das Kind ganz wesentlich mit seinem Ich verbunden, deshalb nimmt es alles körperlich auf. Es gibt aber auch noch zusätzliche Möglichkeiten, die Körperwahrnehmung (Kinästhesie) zu entwickeln.
Ein besonders schönes Spiel ist es, wenn Sie das Kleine im Sitzen am ausgestreckten Arm hin und her schaukeln und dabei rhythmisch begleitend „Walle, walle, walle, walle" sagen. Dann setzen Sie das Kind mit den Füßen auf Ihren Oberschenkel auf, und verstärken Sie jede Berührung der Fußsohle mit Ihrem Oberschenkel mit „Tuff, tuff, tuff". Beim Auftippen der Füße auf Ihren Oberschenkel werden Sie merken, dass das Kleine schon versucht, sich zu stemmen und mit den Füßen für einen kleinen Augenblick abzustützen. Dieses Spiel können Sie mehrfach am Tag wieder-

holen – ganz wie es Ihnen Lust bereitet. Auch ein zweites Baby im Raum, das dieses Spiel beobachtet, kann von diesem Wechselspiel zum Lachen angeregt werden.
Viele traditionelle Berührungsspiele verstärken die Körperwahrnehmung Ihres Kindes, zum Beispiel der hier variierte Klassiker „Geht ein Kind die Trepp' hinauf" (begleitet durch die Aufwärtsbewegung Ihres Zeigefingers und Mittelfingers von der Hand zur Schulter Ihres Kindes, die so wirken wie zwei aufsteigende Beine). Danach sollte man vorsichtig die Ohren berühren und sagen: „Da klingelt es!", um darauf mit dem Knöchel des Zeigefingers an seiner Stirn zärtlich zu klopfen mit dem Ausdruck „Da klopft es an". Der klassische Reim endet mit dem Anfassen der Nase und dem Ausspruch „Da sagt es: ‚Guten Tag, Herr Bettelmann!'" Letzteres könnten Sie umformen in „Da sagt es: ‚Guten Tag, du kommst jetzt an.'"
Ein weiterer Berührungsspruch aus der Tradition der Kindertändelei lautet: „Mondgesicht, Mondgesicht, rund und licht". Dabei streicheln Sie rund um den Kopf des Kindes vom Kinn über die Ohren und die Kopfhaut.
Aber auch die Selbstberührung ist ganz wesentlich, um die eigene Körperwahrnehmung zu stärken. Geben Sie deshalb Ihrem Kind oft die Gelegenheit, die eigenen nackten Füße in einem gut gewärmten Zimmer spielerisch mit den Händen zu erkunden!
Ihr Kind beginnt in diesem Alter immer stärker, sich allein der Welt zuzuwenden und sie genauer zu erkennen. Schaffen Sie die nötige Balance zwischen Nähe und Schutz

einerseits und einer immer stärkeren Hinführung zur umgebenden Welt.
Beobachten Sie genau, wie die einzelnen Entwicklungsschritte Ihres Babys sind, und teilen Sie es dem Opa, der Patentante oder anderen Personen mit, die aus tiefstem Herzen an einer guten Entwicklung Ihres Kindes interessiert sind. Dieses Feststellen des Entwicklungsstandes schärft Ihre eigene Aufmerksamkeit und trägt dadurch zur positiven Entwicklung bei. Gerade durch das Mitteilen gewinnen Sie selber immer genauere Diagnosefähigkeiten. Und das hilft, die nächsten Schritte des Säuglings genauer zu fassen und zu erkennen, wo das Kind tatsächlich steht.

Bildung im siebten Monat

Ein halbes Jahr ist nun vergangen. Ihr Kind hat auf dieser Welt schon unendlich viel erlebt. Es ist auch selbst erheblich daran gewachsen. Nicht nur in der Körpergröße, sondern vor allem am Erfahrungshintergrund. Denken Sie an die unfassbare Entwicklung im Laufe eines halben Jahres! Denken Sie immer wieder daran, was Ihr Kind so alles kann und bewundern Sie es! Diese Haltung stärkt das Kind in seiner weiteren Entwicklung im zweiten Lebenshalbjahr.

Vorwärts! Und nichts vergessen!

In diesem Monat gelingt es schon vielen Babys, sich allein fortzubewegen. Sie müssen nicht nur mit den Armen und Händen nach vorn greifen, um neue Dinge zu erhaschen. Viele können sich mit dem ganzen Körper vorwärts schieben. Auf jeden Fall gelingt in diesem Alter die Bewegung zur Seite durch Drehen vom Rücken zum Bauch und umgekehrt. Diese Drehbewegung ist nicht mehr ruckartig, sondern wie eine allmählich sich vertiefende Schraube.

- Gehen Sie einen Schritt vor Ihrem Kind und ziehen Sie eine Kette mit bunten Kugeln/Glöckchen/Ringen hinter sich her! Warten Sie ein wenig, ob Ihr Kind versuchen will, diese Kette mit den Händen zu ergreifen und sich hinterher voranzuschieben.
- Spielen Sie mit Ihrem Kind das Verlier-Spiel! Das geht so: Sie tragen Ihr Kind auf dem Arm und haben in der ande-

ren Hand eine leichte Stofftasche oder einen Korb mit einigen gut bekannten Spielsachen wie Stoffpuppe, Frotteeball, Stofftier oder Rassel. Gehen Sie durch den Raum und lassen Sie immer wieder einen Gegenstand fallen! Beobachten Sie, wie Ihr Kind diesen Dingen nachschaut! Sagen Sie dabei, was das Kind gerade anschaut, z. B.: „Da ist deine Puppe."

- Spielen Sie auch das Verschwunden-Spiel! Sie decken ein Tuch über eine Sache wie ein Buch und fragen, wo dieses Buch ist? Sie werden Freude hervorrufen, wenn Sie die Decke wieder lüften und das Buch sichtbar ist. Gerade weil Ihr Kind weiß, dass das Buch nicht weg sein kann, ist es besonders froh zu merken, dass seine Erwartung zutrifft. Eine Variante ist, wenn Sie Dinge hinter den Rücken legen und wieder hervorholen. Auch das Kuckuck-Spiel macht weiterhin Spaß. Sie können sich hinter einen Vorhang stellen und fragen, wo Sie sind und dann wieder hervorkommen.
- Nehmen Sie Ihr Kind auf den Arm und stellen Sie sich vor einem großen Wandspiegel auf, sodass Ihr Baby das Spiegelbild sehen kann! Drehen Sie sich langsam vor dem Spiegel herum! Wiederholen Sie die Drehung mehrfach, damit Ihr Kind sich immer wieder im Spiegel sieht und die Veränderung erkennt!
- Spätestens in diesem Monat kann ein Säugling erkennen, dass ein Gesicht mal von vorne und mal von der Seite aus gesehen dasselbe ist. Schauen Sie Ihr Kind also einmal mit dem Gesicht von vorne an und zeigen Sie sich das

zweite Mal im Profil! Sie werden selber spüren, dass Ihr Kind bald ganz vertraut reagiert, weil es ein und dasselbe Gesicht erblickt.

- Lassen Sie sich nicht von Entwicklungsnormen unter Druck setzen! Wenn Ihr Kind sich partout nicht zum Rollen bequemen will, dann ist das keine Tragödie, dann ist vielleicht das Hören und Tasten von Dingen mehr angesagt. Schauen Sie also immer mehr auf Ihr Kind als auf Entwicklungskalender. Aber seien Sie sich darüber klar, welche Entwicklungsschritte aufeinanderfolgen und versuchen Sie, Ihr Kind dort anzuregen, wohin es selber gehen möchte.

Mit dem Mund auf Entdeckungstour

In diesem Monat kann Ihr Kind schon gezielt Dinge in den Mund stecken. Manchmal geht es sogar so weit, dass das Baby versucht, die Füße in den Mund zu stecken. Meist ist der Mund der Anfang des Begreifens und Verstehens. Da ist es sinnvoll, diese Fähigkeit verstärkt zu praktizieren.

- Sie können Ihrem Baby mal einen Zwieback in die Hand geben. Sie werden sehen, dass es diesen allein in den Mund führt und sich damit selbst füttert.
- Auch wenn Sie ihm Tee in der Flasche anbieten, werden Sie feststellen, dass Sie diese nicht mehr dauernd halten müssen, das macht Ihr Kind schon sehr virtuos.

Jetzt gibt es keinen Gegenstand in Reichweite Ihres Babys, der nicht „von der Hand in den Mund“ kommen kann. Passen Sie auf, dass keine gefährlichen oder zu kleinen Stücke in der Nähe Ihres Kindes liegen bleiben! Sie landen unweigerlich in seinem Mund. Aber legen Sie verschiedene größere Dinge zur Wahl bereit! Das Baby soll zwischen einer gelben Quietschente, einem roten klingenden Ball und einem braunen Stoffhasen unterscheiden können. Das Begreifen ist intensiver, wenn es zielgerichtet ist und Ihr Baby vorher überlegt hat, welches Ding es jetzt als Nächstes ergreift.
Auch der Geschmackssinn kann in diesem Alter weiter gefördert werden. Wenn Sie Möhrenbrei oder andere Gemüsebreisorten anbieten, sollten Sie diese immer wieder anders zubereiten, mal mit dem Dampfkochtopf, mal gedünstet, mal mit ein wenig Kartoffel, mal ohne. Sie werden sehen, dass Ihr Kind schon Vorlieben ausdrücken kann. Erfüllen Sie diese und bieten Sie darauf aufbauend noch weitere Variationen an!
Achten Sie allerdings beim Spielzeugkauf und bei der Wahl von Küchengegenständen darauf, dass es sich um Produkte handelt, die auf Schadstoffe überprüft worden sind! Es gibt immer noch Materialien und besonders Spielsachen, die aus der Giftküche chemischer Laboratorien stammen. Am Schluss dieses Buches finden Sie wichtige Adressen zu Ihrer Information.

Die Welt genauer entdecken

Ihr Baby kann jetzt schon alles viel genauer erkennen. Es beginnt mit sechs Monaten allmählich, zwischen Dingen und Handlungen zu unterscheiden. Es sieht etwa das Gesicht der Tante und kann dies von verschiedenen Handlungsweisen der Tante, ob sie die Torte schneidet oder aus einem Buch vorliest, unterscheiden. Es interessiert sich immer genauer für die Welt. Geben Sie ihm genügend Anregungen, die Vielfalt der Welt auch kennenzulernen!

- Schauen Sie nach interessanten rhythmisch und bildlich anregenden Büchern!
- Geben Sie Ihrem Kind Bücher, in denen auf jeder Seite ist ein Gegenstand abgebildet ist! Manche dieser Bücher sind aus Stoff und haben noch den Zusatzreiz, dass sich etwas fühlen oder hören lässt. So lernt es allmählich, dass der Apfel auf dem Bild der Buchseite nicht identisch mit dem Apfel auf dem Esstisch ist.
- Machen Sie dem Kind vor, dass man eine Sache von einer Hand in die andere legen kann, und legen Sie ihm leichte Stoffwürfel oder andere handliche Gegenstände auf beide Seiten des Körpers!
- Achten Sie immer auf Sicherheit, denn Ihr Kind versucht durch seitliches Rollen immer mehr von seiner Umwelt zu entdecken und versteht noch nicht, was gefährlich sein könnte! Gute Abgrenzungen und ständige Aufmerksamkeitsbereitschaft, wenn Ihr Baby auf dem Wickeltisch

oder sonstigen Erhöhungen liegt, sind unabdingbar, um einem offenen Entdeckungsdrang Raum zu geben.

- Legen Sie eine „griffige" Decke auf dem Boden aus, Ihr Baby in die Mitte und legen Sie eine Spieluhr auf die eine Seite, ein großes Spielzeug auf die andere Seite! Lassen Sie nun die Spieluhr erklingen! Ihr Kind wird versuchen, sich vom Bauch auf den Rücken zu drehen. Nehmen Sie nun die Spieluhr nach vorn, versucht das Kind mit ausgestreckten Beinen den Oberkörper aufzurichten. Achten Sie darauf, dass Sie den Rücken in diesem Langsitz stützen, aber gönnen Sie dem Baby den Genuss der mit dem Körper selbst geschaffenen Fernsicht.
- Kleine ungefährliche Alltagsgegenstände sind jetzt attraktive Dinge, ob ein Kamm oder eine Plastikflasche, ein Sofakissen oder ein Serviettenhalter – alles kann interessant sein, es zu erfassen und hin und her zu bewegen.
- Auch in der Badewanne sollten Sie Ihrem Kind Interessantes zum Sehen und Tasten anbieten! Plastikboote und schwimmende Enten oder andere Tiere aus Plastik erweitern das Badevergnügen.
- Geben Sie Ihrem Kind die Gelegenheit zu erkennen, dass es etwas bewirken kann! Spielsachen, die entfernter liegen, können mithilfe eines roten Geschenkbandes herangezogen werden, wenn dem Kind eine Seite des Bandes um den Arm gewickelt wird.
- Legen Sie ein interessantes buntes Spielzeug in einiger Entfernung von Ihrem Kind gut sichtbar erhöht auf einen Tisch! Warten Sie, bis das Kind dies auch entdeckt hat,

Spaß am Steuerrad.

und halten Sie es ruhig im Arm, damit es diese Sache lange und ausgiebig betrachten kann!

- Zeigen Sie dem Kind neue Dinge erst einmal ruhig, damit es sie anschauen kann, und geben Sie ihm die Gelegenheit, es dann mit Armbewegung von sich aus ergreifen zu wollen!
- Besonders wenn fremde Personen etwas zeigen, ist es wichtig, dass diese Ihr Kind nicht bestürmen, sondern seinem Bedürfnis, von fremden Personen gezeigte Dinge besonders genau zu beobachten, entsprechen und sich Zeit beim Zeigen der neuen Dinge lassen!
- Lassen Sie Ihr Kind leicht bekleidet auf dem Rücken liegen oder sitzen, damit es die Beine heranziehen kann und die Zehen in die Hände nimmt!

Es gibt kaum eine Situation im Alltag, die nicht geeignet ist, Ihrem Baby Gelegenheit zu neuen Entdeckungen zu geben. Sie werden sehen, wie begeistert Ihr Kind ist, wenn es Neues erlebt.

Virtuos die Zeichensprache sprechen

Die mimische und gestische Kommunikation wird in diesem Monat immer klarer. Das Kind hat mittlerweile ein Bild davon, was in der Welt „normalerweise" zu erwarten ist. Aber da diese Fähigkeit noch recht jung ist, freut es sich, wenn es mal etwas anders sieht als erwartet.

- Drehen Sie Dinge in Blickweite Ihres Kindes um!
- Machen Sie Faxen mit wackelnden Fingern auf Ihrem Kopf, mit einem Hut am Ohr oder etwas anderes Ungewöhnliches! Bei manchen dieser Showelemente werden Sie ein freudiges Lachen hervorrufen. Wann das passiert, kann nicht vorher gesagt werden, das liegt in den Wahrnehmungsmustern Ihres Kindes. Aber es zu alternativem Sehen anzuregen, ist ein wichtiger Weg, ihm zu ermöglichen, die Umwelt von sich aus zu bewerten und „gewöhnliche" von „verrückten" Bildern zu unterscheiden.
- Aber nicht nur die äußeren Symbole, auch die Laute des Lallens werden klarer. Manche Kinder schaffen es schon, Silben herauszustoßen, die als „Mama" oder „Papa" gedeutet werden können. Reagieren Sie Ihren freudigen

Gefühlen gemäß und bestärken Sie so Ihr Kind, dies öfter zu wiederholen!

- Auch das Zeigen mit dem Finger ist eine Form der Zeichensprache. Üben Sie diese, indem Sie dem Baby immer wieder verschiedene Spielsachen oder Stoffbilder anbieten! Fragen Sie es, was es will, und bestärken Sie es gleich, wenn es auf das gewünschte Objekt gezeigt hat!
- Bieten Sie dem Kind wichtige Formen der Zeichensprache an, indem Sie klar winken, wenn Gäste verabschiedet werden, oder deutlich in die Hände klatschen, wenn Ihnen etwas gefällt! Sie werden merken, dass Ihr Kind jetzt vielleicht schon beginnt, diese Gesten nachzumachen.
- Machen Sie Ihrem Kind auch Handlungen wie das Abwischen eines Holzklotzes oder das Trinken aus einem Becher sichtbar vor! Wenn es selber diesen Holzklotz in den Händen hat, kann es versuchen, die Wischbewegung nachzuahmen oder einen Plastikbecher in die Hand zu nehmen und an den Mund zu setzen.
- Fangen Sie nicht an, Gebärdensprache oder ähnliche Systeme zu lernen, nur um Ihrem Baby die passenden Symbole vorgeben zu können! Es reicht, wenn Sie sich spontan etwas ausdenken. Eltern, die sich unter Stress setzen, um dieses oder jenes Können an den eigenen Kindern zu überprüfen, sind keine guten Eltern, sondern gestresste Menschen. Ein Baby braucht aber in sich ruhende, meist fröhliche Eltern.

Die Sprache erwerben

Die Plapperlaute Ihres Kindes werden häufiger und oft zu Doppelsilben geformt. Die Zahl der Laute nimmt zu, Konsonanten wie „d", „p", „h", „b", „g" oder „m" sind schon erkennbar. Sie können diese Artikulationsansätze durch eigene Antworten etwas differenzieren.

- Antworten Sie mit denselben Silben einmal laut und einmal leise oder in sehr hoher oder sehr tiefer Tonlage!
- Bringen Sie immer wieder neue Rhythmen in die Antwortsilben!
- Flüstern Sie mit dem Kind und regen Sie es an, dies nachzumachen!
- Entwickeln Sie das Verstehen von Worten, indem Sie immer wieder sagen, welchen Gegenstand das Kind zwischen den Händen hält oder in den Mund steckt. Drücken Sie sich klar und einfach aus: „Das ist deine Puppe", „Das ist die Glocke", „Das ist der Teddy".
- Achten Sie immer darauf, dass der Gegenstand oder eine Situation mit einem klaren Wort bezeichnet werden!
- Sprechen Sie immer mit einer klaren Satzmelodie zu Ihrem Kind! So erhöht sich der Wiedererkennungswert.
- Ihr Kind kann aber schon erkennen, dass es durch Lautäußerungen etwas bewirken kann. Es erhebt manchmal die Stimme, um etwas durchzusetzen. Reagieren Sie dann durch eine leisere Antwort!
- Machen Sie viel vor, wie ein Glöckchen bewegen, und animieren Sie das Kind mit Worten, das ebenfalls zu tun!

Durch Imitation und Wiederholen von Vorbildhandlungen lernen Kinder in diesem Alter sehr viel.

- Fangen Sie an, dort wo es Sinn macht, klar und eindeutig das Wort „Nein“ auszusprechen, wenn Sie Grenzen setzen wollen!
- Stellen Sie dem Kind Fragen („Wo ist der Ball?“), geben Sie ihm Aufforderungen („Nimm die Puppe!“) und begleiten Sie durch Aussagen, was Sie gerade tun („Jetzt drücke ich die Gummiente.“)! So kann Ihr Kind die unterschiedlichen Satzmelodien von Fragesatz und Aussagesatz allmählich spüren.
- Sprechen Sie emotional betont und nicht wie eine Automatenstimme! So werden Sinn und Sprache besser zusammen vermittelt.
- Entfalten Sie die Schönheit der Sprache für Ihr Kind, indem Sie immer wieder das Tun mit Reimen oder Singsang begleiten, z. B.: „Baden, baden, baden, vom Kopf zu den Waden“! Berühren Sie im warmen Wasser den Kopf und die Waden und schwingen Sie den Körper des Babys beim Wort Baden langsam hin und her im Wasser!
- Wenn Sie im Haus Treppen heruntergehen und Ihr Kind auf dem Arm halten, können Sie es mit einer Art Singspiel begleiten, indem Sie wiederholt sagen: „Treppab, klapp, klapp, treppab, klapp, klapp!“
- Suchen Sie die Reime oder Ausdrucksweisen, an denen Sie selber Spaß haben! Es kommt besser beim Baby an, wenn es aus Ihrem Inneren kommt, und nicht weil es für die Sprachentwicklung gut ist.

Geborgenheit spüren

Auch wenn Ihr Kind sich viel nach draußen orientiert, ist es doch vor allem auf mitmenschliche Liebe angewiesen. Geben Sie ihm beim Stillen Zeit und Ruhe! Aus der Geborgenheit und Sicherheit heraus lässt sich viel offener und freier die Welt nach außen hin erkunden. Es erkennt jetzt die vertrauten Personen. Dies hat auch zur Folge, dass fremde Personen nach und nach skeptischer wahrgenommen werden. Dies wird mit „Fremdeln“ bezeichnet.

- Streicheln Sie immer wieder seine Haut!
- Berühren Sie ganz sanft die Härchen auf seiner Haut!
- Verstärken Sie durch dasselbe Parfüm oder andere Merkmale das Gefühl, dass die geliebte vertraute Person in der Nähe ist!
- Schauen Sie Ihr Kind genau an, wenn es auf dem Arm Ihres Partners ist und Sie erblickt hat! Dieses wechselseitige Anschauen schafft Nähe und Vertrauen. Verstärken Sie es!
- Akzeptieren Sie, dass Ihr Kind jetzt lernt, einen eigenen Willen zu haben! Wenn es seine Wut zeigt und schreit oder wütend mit den Beinen oder Armen Kraft ausübt, dann sehen Sie dies als Entwicklungsschritt! Aber bleiben Sie ruhig bei Ihrer Position! Zeigen Sie ihm Grenzen auf, aber machen Sie das bei positivem Klima. Von geliebten Menschen werden Grenzen eher angenommen.
- Gerade weil Kinder jetzt Verbote zu verstehen beginnen, ist es wichtig, dass Sie klar und eindeutig „Nein“ sagen, wenn Sie es so meinen. So werden Sie als Gegenüber des

Kindes erkannt. Ihre Zuwendung bekommt dadurch viel mehr Gewicht.

- Gehen Sie oft mit Ihrem Kind im Tragetuch spazieren! Erleben Sie, dass es diese schaukelnden regelmäßigen Bewegungen des eigenen Körpers genießt und sehr vergnügt dazu brabbelt.

Die Zeit des Fremdelns ist erforderlich, um sich und die wichtigsten Menschen zu erkennen. Sie ist allerdings auch stressig, wenn Ihr Baby nun nicht mehr auf den Arm von Oma, Onkel, Nachbarin oder manchmal sogar von Papa gehen will. Es hilft nichts, die Bindungserfahrung muss gerade in dieser Zeit verstärkt werden, damit Ihr Kind von sich aus wieder nach außen zu anderen Personen kommen will.

Bildung im achten Monat

Raumerkundung bahnt sich an

In diesem Monat gelingt es immer mehr Babys, sich zunächst durch Robben oder später durch Krabbeln vorwärts zu bewegen. Beim Robben zieht sich das Kind mit den Armen vorwärts und holt den Körper wie eine Schlange oder eben Robbe hinter sich her. Dabei ist die Bewegung anfangs so anstrengend und kraftraubend, dass manche Kinder ganz vergessen, was sie eigentlich erreichen wollten. Aber bald werden die meisten Babys virtuos im zielgerichteten Robben. Sie streben genau dorthin, wo etwas Interessantes liegt, ob Telefon, Buch der Eltern, Ball, Stofftier oder Tortenplatte.

- Geben Sie Ihrem Kind die Gelegenheit zu mehr Raumerkundung! Machen Sie den Weg auf dem Fußboden frei!
- Auch die unteren Fächer in Regalen müssen jetzt „kindersicher" aufgeräumt sein, damit Sie seinen Bewegungsaktivitäten gegenüber positiv aufgeschlossen sein können!
- Legen Sie immer wieder interessante Dinge in einer gewissen Entfernung hin und geben Sie Ihrem Kind somit die Gelegenheit, diese zu erkunden! Achten Sie darauf, dass diese Dinge nicht zu groß sind, sondern gut mit einer Hand ergriffen werden können! Das regt mehr an als große teure Spezialspielsachen. Oft reicht eine grüne Gummifroschfigur oder eine gelbe Plastikente, um Ihr

Kind anzuregen, sich in die Richtung zu bewegen, diese Dinge in die Hand und danach in den Mund zu nehmen.

- Zur Raumerkundung gehört die Raumwahrnehmung. Machen Sie dazu die folgende Übung: Halten Sie das Kind mit dem Rücken zu Ihnen auf dem Arm und schauen Sie gemeinsam eine Sache – z. B. eine kreisende Spieluhr – auf dem Tisch an! Dann drehen Sie sich langsam um die eigene Achse und schauen Sie, ob Ihr Kind den Kopf wendet, um die Spieluhr auf dem Tisch weiter anzusehen!
- Wenn Ihr Kind auf einer Decke spielt, wechseln Sie Ihre Position! Gehen Sie dichter ans Kind, ziehen Sie sich ein wenig zurück, dann nehmen Sie eine seitliche Position ein! So lernt Ihr Kind, dass dieselbe Person unterschiedlich entfernt sein kann und unterschiedliche Positionen einnehmen kann.

Bleiben Sie aber gelassen, wenn Ihr eigenes Baby nicht so aktiv beim Raumerkunden ist. Jeder Mensch hat seinen eigenen Rhythmus. Nicht ein Voranschreiten des Lernens nach militärischem Kolonnenmuster ist das Ziel, sondern das Anknüpfen an den individuellen Entwicklungsstand des einzelnen Kindes.

Handlungskompetenz steigert sich

Ihr Kind beobachtet immer genauer, was Sie tun, und will immer mehr nachahmen. Es kann nach Erkenntnissen der

Säuglingsforschung in diesem Alter sogar schon erkennen, dass die Erfahrungen von anderen Menschen nicht unbedingt die eigenen sein müssen, aber dass die Erfahrungen und Handlungen der anderen auch gleich sein können.

- Geben Sie dem Kind viele Dinge, mit denen es etwas machen kann, wie eine Rassel zum Klingen bringen. Machen Sie ihm dies vor!
- Besonders attraktiv sind nun Brillen mit ihren reflektierenden Gläsern oder glänzenden Bügeln. Wenn Sie nicht wollen, dass Ihr Baby die teure Designerbrille in den Mund nimmt, legen Sie diese vorher ab. Für Ihr Kind ist es nicht schön, im Erkundungsgang unterbrochen zu werden und ein Objekt des Interesses aus dem Mund herausgezogen zu bekommen. Achten Sie darauf, dass nur die Dinge erreichbar sind, die Sie Ihrem Kind auch tatsächlich anbieten wollen!
- Machen Sie alles vor, was Ihr Kind mit den Spielsachen machen kann, also den Ball anstoßen, damit er rollt, das Glöckchen hin und her bewegen, das Stofftier an die eigene Brust halten etc.
- Zeigen Sie Ihrem Kind auch das Ordnen von Dingen, so können kleine Spielsachen in einen Eimer gelegt werden, wieder herausgenommen und in einer Reihe hintereinander aufgestellt werden.
- Ihr Kind will immer noch viele Gegenstände ergreifen und nach Möglichkeit in den Mund stecken. Legen Sie in Griffweite immer wieder andere Gegenstände, die es gefahrlos in den Mund stecken kann!

- Lassen Sie Ihrem Kind viel Zeit zum Selbsterkunden dieser Spielsachen!
- Klopfen Sie rhythmisch mit dem Teelöffel auf die Tischdecke, geben Sie ihn Ihrem Kind in die Hand und schauen Sie, ob es das nachmacht!
- Geben Sie ihm einen Zwieback in die Hand, damit es diesen selbst an den Mund führen kann und sich so sich so füttert!
- Legen Sie zwei gleich attraktive kleine Dinge links und rechts vor Ihr Kind! Nun kann es selber aussuchen, in welche Richtung es sich wenden will, um einen Gegenstand zu ergreifen.
- Mimen Sie aber nicht die Dauerentertainer vom Fernsehen nach! Bleiben Sie gelassen und geben Sie nur die Anregungen, die Ihnen in der konkreten Alltagssituation in den Sinn kommen!

Die Welt verändert sehen

Ihr Kind die Welt hat für sich immer mehr geordnet und merkt, wenn etwas ungewohnt oder anders ist. Bieten Sie diese Kontrasterfahrungen zum Normalen bewusst und gezielt an! Natürlich sollten Sie nicht vergessen, wie gewohnt die bekannten Lieder zu singen und kleine Tanzschritte mit Ihrem Kind zu vollziehen. Aber zum Bekannten kann jetzt auch immer wieder mal der Kontrast treten. Allerdings mag so manches Kind in diesem Monat keine fremden Personen, es „fremdelt“. Dies ist ein Ausdruck der

Fähigkeit, eng vertraute Personen genau zu erkennen und sie zu vermissen, wenn sie nicht in der Nähe sind. So eine Phase muss man durchstehen und nach Möglichkeit versuchen, dass die vertrauten Personen gut erreichbar sind. Aber auch über veränderte Dinge lässt sich die Bereitschaft, das andere und Neue gern zu sehen, verstärken und damit das Fremdeln zu überwinden.

- Spielen Sie ganz kurze Puppentheaterszenen und sprechen Sie mit einer Figur aus dem Spielzeugarsenal Ihres Kindes kleine Dialoge!
- Lassen Sie eine Puppe oder ein Stofftier in unterschiedlicher Art und Weise auftreten! Lassen Sie es auf dem Kopf stehen, hüpfen und schwungvoll Loopings vor den Augen Ihres Kindes aufführen!
- Gehen Sie mit Ihrem Kind auf dem Arm rückwärts und nicht immer nur vorwärts!
- Führen Sie verschiedene Möglichkeiten des Handelns mit Spielsachen vor: Man kann eine Quietscheente auf dem Handrücken balancieren, auf den eigenen Kopf stellen, in die Luft werfen, unter den Achseln verschwinden lassen, zwischen den Händen zusammendrücken, bis sie quietscht … Je vielfältiger die Handlungen sind, die Sie vorführen, desto mehr Anregung ergibt sich für Ihr Kind, selbst verschiedene Handlungen zu erproben.
- Werfen Sie ein leichtes Stofftier in die Luft und fangen Sie es dann mit den Händen auf! Derart Ungewöhnliches wird von Ihrem Kind schon als etwas Besonderes wahrgenommen und als Spaß verstanden.

Überhaupt: Bewegen Sie in diesem Monat viele Spielsachen und lassen Sie diese nicht einfach auf dem Boden stehen!

- Erfinden Sie immer wieder neue Lautäußerungen! Sprechen Sie mal tief, mal hoch, klacken Sie mal mit der Zunge, schnalzen Sie rhythmisch! Alles Ungewöhnliche erfreut Ihr Kind!
- Lassen Sie Ihr Kind auch die Welt verändert hören, indem Sie mit zwei Löffeln einen Klang erzeugen oder gehörte Klänge nachsingen (zum Beispiel „Bim, bam, bum", wenn Sie Kirchenglocken hören)!
- Geben Sie ihm verschiedene Stoffe zum Fühlen wie Seide, Frottee, Viskose, Polyester etc.!
- Geben Sie Ihrem Kind leichte Tücher, damit es selber das Kuckuck-Spiel machen kann und den Spaß erlebt, sich verstecken zu können und doch da zu sein!
- Lassen Sie einen Schal hin und her pendeln! Sie werden merken, dass Ihr Kind beginnt, sehr genau hinzusehen, wenn sich das Bild ändert, wenn zum Beispiel ein deutlicher Schatten sichtbar wird.

Geben Sie es, solange Ihr Kind noch nicht fremdelt, in den Arm verschiedener Freunde und Bekannter! So lernt es die Gerüche, Bewegungen und Anregungen verschiedener Menschen zu unterscheiden. Allerdings wird dies im achten Monat zunehmend schwierig, da Ihr Kind „seine" Bezugspersonen immer mehr bevorzugt und bei Fremden eher weint, weil dies in dem Moment den Verlust der eigenen Lieben bedeutet.

Sich ausdrücken können

In diesem Monat erweitert sich das Erkennen von Sprache. Auch das Ausdrucksvermögen des Kindes steigt. Geben Sie ihm gerade jetzt gezielt Chancen, sprachliche Muster zu erkennen!

- Sprechen Sie Ihr Kind sehr oft mit seinem Namen an und lassen Sie es darauf reagieren, indem Sie es aufmerksam ansehen!
- Sprechen Sie immer wieder wichtige Wörter aus, die Dinge und Personen der Umgebung bezeichnen, wie Mama, Papa, Kran, Ticktack (Uhr), Decke oder Wauwau (wenn Sie einen Hund sehen)! Einigen wenigen Babys gelingt es in diesem Monat schon, ein Wort zur Bezeichnung einer Sache oder Person auszusprechen. Das häufige Wiederholen ist eine gute Anregung.
- Klopfen Sie auf die Tischplatte, wenn Sie Ihr Kind auf dem Schoß halten, und geben Sie ihm die Gelegenheit, das nachzumachen und stolz zu sein, selber Geräusche zu verursachen!
- Verändern Sie ab und zu die Lautstärke, rufen Sie, flüstern Sie! Dadurch geben Sie Ihrem Kind Anregung, selber zu wispern oder sich lauter zu äußern.
- Hören Sie genau hin, was Ihr Kind sagt! Manchmal beginnt es bereits, einige wenige Wörter zu plappern, die Sinn haben, wie „Mamama“ oder „Papapa“ oder „Wauwau“ oder „da“. Wiederholen Sie das Wort klar und zeigen Sie damit, dass Sie es verstanden haben!

Ihr Kind ist nun bald ein Dreivierteljahr alt. Es ist immer weniger ein kleines Liegewesen, sondern ein bewegliches kleines Geschöpf, das auf die Welt zugeht. Freuen Sie sich über diesen Entwicklungsstand und machen Sie die Wohnung Schritt für Schritt kindgerecht. Kristallvasen, Putzmittelflaschen und scharfe Gegenstände dürfen nicht mehr in Greifweite des Kindes stehen. Dann ist es auch kein Problem mehr, wenn das Baby unerwartet irgendwo etwas ergreift. Alles muss möglich sein, denn das Baby will die Welt immer weiter erobern.

Bildung im neunten Monat

Verglichen mit den ersten Monaten wirkt Ihr Baby nun manchmal wie ein „vernünftiges“ Kind, es nimmt klaren Kontakt mit seiner Umwelt auf und zeigt deutlich, was es will. Irgendwie scheint es manchmal, als sei eine echte gleichberechtigte Partnerschaft entstanden. Doch Ihr Kind braucht auch in diesem Alter noch viel Zuwendung und Unterstützung.

Interaktionsspiele entwickeln sich

Nun hat Ihr Baby viel von Ursachen und ihren Wirkungen erkannt und kann schon damit spielen.
Zu diesen Spielen gehört, dass es bei Ihnen etwas verändern will. Wenn Sie eine Brille tragen, werden Sie feststellen, welche Freude es Ihrem Kind macht, Ihnen die Brille von der Nase herunterzuziehen, um ein verändertes Gesicht durch eigenes Tun zu erzeugen. Auch das Scherzen mit dem Keks in der Hand ist beliebt. Viele Kinder in diesem Altern lieben es sehr, wenn sie den Erwachsenen einen Keks vors Gesicht halten können und dieses Angebot blitzschnell wieder zurückziehen können.

- Geben Sie Ihrem Kind, wenn es selber ziemlich satt ist, noch einen Zwieback in die Hand und zeigen Sie, dass Sie den Zwieback gerne selber haben wollen! Sie werden sehen, dass Ihr Kind beginnt, den Zwieback zu Ihrem Mund zu führen, um ihn kurz danach wieder zurückzuziehen.

- Führen Sie möglichst viele Dialoge mit Ihrem Kind! Antworten Sie auf all seine Lautäußerungen mit einer Variation, beispielsweise bei „Wawawa" mit „Bababa"!
- Beantworten Sie seine mimischen Äußerungen, indem Sie auch lachen oder den Mund skeptisch zuspitzen!
- Setzen Sie sich dicht vor Ihr Kind und bieten Sie ihm eigene Gesichtsäußerungen an! Lachen Sie breit und fröhlich, wenn Ihnen danach zumute ist! Schütteln Sie skeptisch den Kopf, wenn Sie dies auch fühlen, und lassen Sie etwas Zeit, damit Ihr Kind dies imitieren kann!
- Schauen Sie so oft es geht, das Gesicht und die Körperhaltung Ihres Kindes an und versuchen Sie herauszufinden, was es wohl meint! Drücken Sie das mit klaren Worten aus! Sagen Sie z. B.: „Dir gefällt es nicht, wenn die Sonne so auf dich scheint. Soll ich den Vorhang zuziehen?"
- Noch ist Ihr Kind voll fasziniert davon, Dinge in den Mund zu stecken. Manchmal steckt es aber auch kleine Objekte in den Mund anderer Menschen. Bleiben Sie daher nahe beim Kind, wenn es mit Spielsachen spielt! Dann besteht die größte Chance, dass Sie in seine Welt einbezogen werden und auch einen schönen Holzklotz in den Mund gesteckt bekommen.

Freuen Sie sich über jeden Entwicklungsschritt Ihres Babys und genießen Sie den Augenblick! Seien Sie dankbar, was Sie alles erleben dürfen! Die ersten Scherze Ihres Kleinen sind wunderbare Äußerungen und wert, als Glück wahrgenommen zu werden.

Geschmackssinn entwickeln beim Essen

Ihr Kind isst jetzt schon fast alles. Es ist nicht mehr „nur" ein Säugling, sondern auf dem Weg zur allgemeinen Kost.

- Unterstützen Sie die Eigenaktivität Ihres Kindes, indem Sie ihm immer wieder etwas zum Selberessen in die Hand geben! So müssen die Möhren nicht nur als fertig pürierter Brei angeboten werden, sondern können auch gedünstet als größere Scheiben aus der Hand gegessen werden. Dabei zeigt das Kind genau, welche Speisen ihm munden.
- Kleine Brötchenstücke in der Hand sind ein idealer Übergang vom Gestilltwerden zum Selberessen. Durch längeres Kauen kann sich Ihr Baby die Stärkemehlanteile des Brötchens im Mund in eine süße Speise umwandeln.
- Wenn die ersten Zähne schon zum Vorschein gekommen sind, sind ein knuspriger Zwieback oder eine leicht gegarte Möhrenscheibe ein guter Anlass zum Beißen und Ausprobieren der Beißerchen.
- Versuchen Sie, die Breinahrung immer wieder mit neuen Geschmacksnoten zuzubereiten! Statt einfachem Möhrenbrei lassen sich Pastinaken beimischen, um der Speise einen besonderen Geschmack beizugeben. Beobachten Sie genau, welche Geschmacksnoten Ihrem Kind munden, und ergänzen Sie diese durch andere, damit die Geschmacksknoten auf der Zunge des Kindes außer durch die Lieblingsspeisen auch durch neue Reize angeregt werden!
- Geben Sie Ihrem Kind aber wenn möglich weiterhin die Gelegenheit, die Wärme und Nähe des Stillens zu spü-

ren! Es ist noch genug Zeit zum vollkommenen Abstillen in den Monaten nach dem ersten Geburtstag. Die kostbare Muttermilch sollte das Kind noch möglichst lange mit Abwehrstoffen versorgen.

- Beim Essen bildet sich immer mehr der Geschmackssinn heraus. Süße Speisen werden bevorzugt. Es kann sein, dass ein Gemüsebrei einfach abgelehnt, aber ein süßer Obstbrei mit Freude gegessen wird. Versuchen Sie, den Gemüsebrei durch Mundbewegungen schmackhaft zu machen!
- Das Kind nimmt schon aus einem bereitstehenden Teller die essbaren Stücke in den Mund, während der Löffel eher zum Klopfen oder Spielen verwendet wird. Wenn auch essbare Stücke auf dem Teller liegen, sucht Ihr Kind diese bewusst heraus.

Aber nicht nur Ihr Kind verdient es, mit interessanten Geschmacksstoffen angeregt zu werden. Jeder Mensch braucht die Entfaltung aller Sinne. Gönnen Sie sich selber immer wieder wunderbar geschmackvoll gewürztes Essen und erfreuen Sie sich daran! Wenn Eltern selber genießen können, können sie den Genuss des kleinen Menschen besser fördern.

Äußerungsformen erweitern

Ihr Kind kann mit neun Monaten in der Regel schon sehr genau die Welt sehen und differenziert wahrnehmen. Besonders wichtig ist, dass es bei verschiedenen Personen die gleichen Handlungen entdecken kann. Streicheln ist also nicht allein mit der Mutter verbunden, sondern kann von verschiedenen Personen gemacht werden. So entdeckt das Kind allmählich Handlungen als solche – unabhängig von einer bestimmten Person.

- Ihr Kind will sich und die Welt immer mehr auf eigene Faust erforschen. Fangen Sie damit an, immer neue „Künste“ zusammen mit dem Kind auszuprobieren!
- Das Spiel mit dem Speichel im Mund ist sehr attraktiv. Machen Sie es vor, wie man mit Speichel Blasen erzeugen kann und auch Geräusche vorbringt! Binnen kürzester Zeit wird Ihr Kind das auch versuchen und dabei schon zu einiger Virtuosität gelangen.
- Spielen Sie mit Fingern und Stimme Theater vor! Bewegen Sie die Finger mit hellen Begleitsilben wie „Fiep, fiep, fiep“. Dann bewegen Sie die Faust nach unten, untermalen die Bewegung mit Lauten wie „Dum, dum, dum“. Sie werden sehen, wie gern Ihr Kind dieses Fingertheater ansieht und das nächste Mal schon beim Laut „fiep“ auf Ihre Finger schaut.
- Gründen Sie mit anderen Eltern eine Babygruppe! Gerade in der Beobachtung verschiedener Babys ist es besonders leicht, die gleichen Handlungsweisen wie das Krabbeln, das Dinge-in-den-Mund-Nehmen oder anderes zu entdecken.
- Gönnen Sie sich und Ihrem Baby die Freude, Gäste in der Wohnung zu haben! Das tut beiden Seiten gut, denn viele Ihrer Gäste führen Ihrem Kind etwas aus ihrem

Alltagsdinge erproben lassen.

Repertoire vor. Das bringt Abwechslung und schafft Unterschiede. So wird Ihr Baby herausgefordert zu vergleichen.

Objekterfahrungen erweitern

Nicht nur Spielsachen sind gut für die Lernentwicklung. Der gesamte Alltag ist voll von interessanten Dingen. Für ein Baby ist ein Teesieb nichts Profanes, sondern ein wunderbar interessantes Ding.

- Geben Sie Ihrem Kind beim Einkauf ungefährliche Dinge aus dem Einkaufswagen in die Hand zum Ausprobieren!

- Lassen Sie die Wohnung zur Entdeckungswelt werden! Befreien Sie niedrige Regalfächer von gefährlichen Dingen, sodass Ihr Baby alles erforschen kann!
- Lassen Sie Ihr Kind an Ihren Kleidungsstücken herumprobieren: An Knöpfen, Bändern oder Verschlüssen lässt sich viel entdecken!
- Gehen Sie selber mit dem Entdeckerblick durch Ihre Wohnung und schauen Sie, welche Dinge erstens ungefährlich sind und zweitens wohl interessant für Ihr Kind sein könnten! Legen Sie diese Dinge ein wenig deutlicher sichtbar auf den Tisch, auf die Küchenablage oder auf den Teppich! Sie werden dann sehen, ob Ihre Einschätzung auch die Ihres Kindes ist. Wenn es etwas interessant findet, wird es sich darauf zu bewegen.

Bewegungsradius ausdehnen

Viele Babys können in diesem Alter schon krabbeln. Besonders interessante Gegenstände animieren sie, sich fortzubewegen. Sobald das Ding erreicht ist, fängt ein Baby in diesem Alter an, es mit den Händen zu bedecken und in die Hand zu nehmen. Fast alle „erbeuteten“ Objekte werden gleich in den Mund gesteckt. Manchmal fallen Sie wieder auf den Boden. Ein gut entwickeltes Baby gibt nicht auf und versucht wiederholt, diese Sache gründlich mit dem Mund zu „begreifen“.

- Lassen Sie Ihr Baby auf dem Teppich krabbeln! Legen Sie in Sichtweite attraktive Spielsachen! Sie werden sehen, dass Ihr Krabbelkind flink wie ein Wiesel darauf zu strebt.

- Bewegen Sie sich selbst im Raum und sprechen Sie Ihr Kind an! Bleiben Sie stehen und warten Sie, bis es zu Ihnen angekrabbelt kommt! Nehmen Sie es dann in den Arm, damit es sich für seine Mühen belohnt fühlt!
- Gehen Sie sprechend langsam aus dem Raum und lassen Sie Ihrem Kind die Chance, Ihnen hinterher zu krabbeln!
- Viele Säuglinge fangen in diesem Alter an, sich an Hockern, Geländern oder Stühlen hochzuziehen. Bleiben Sie in der Nähe, um Ihr Kind notfalls zu stützen, aber lassen Sie ihm den eigenständigen Weg zum Aufrichten und Gehen!
- Halten Sie ab und zu das Baby mit den Füßen gen Boden und schauen Sie, ob es sich selbst abstützen will! Machen Sie diese Anregung aber nur, wenn das Kind schon von sich aus danach strebt!

Wichtig ist, die Wohnung immer wieder zu checken, damit die Erkundungsgänge frei von Hindernissen und Gefahren sind. Auch harmlose Korbstühle sollten daraufhin untersucht werden, ob sich nicht kleine Teile des Geflechts durch das Anfassen ablösen lassen und in den Mund genommen Verletzungsmöglichkeiten bedeuten.

Der emotionale Ausdruck wird klarer

Ihr Baby ist jetzt schon in der Lage, verschiedene Emotionen anderer Menschen deutlich zu unterscheiden. Aber es braucht auch Ihre Hilfe bei der Orientierung. Sie werden sehen, dass Ihr Kind oft dazu neigt, erst einmal einen kontrollierenden Blick auf Ihr Gesicht zu werfen, um Ihre Stimmungslage abzuklären.

- Geben Sie deshalb immer klare Gefühlsäußerungen von sich!
- Freuen Sie sich, wenn Ihr Kind genau auf Ihre emotionale Reaktion antwortet!
- Tun Sie sich selbst viel Gutes und Interessantes, damit genug an positiver Stimmung bei Ihnen erfahrbar ist!
- Reagieren Sie nicht abwehrend, wenn das Kind wichtige Personen wie Tante, Oma oder Nachbarin mit Weinen begrüßt! Dieses „Fremdeln" zeigt, dass Ihr Kind Sie erkannt hat.
- Zeigen Sie deutlich Ihre Freude, wenn Ihr Kind seine Zuneigung zu Ihnen ausdrückt! Denken Sie daran, dass es jetzt ungefähr so viele Monate auf der Welt ist, wie die Schwangerschaft gedauert hat, und freuen Sie sich über seinen Entwicklungsstand!
- Beobachten Sie genau, was Ihr Kind will und kann! Kein Kind wächst nach einem klaren schematischen Plan. Jedes Kind hat seinen eigenen Entwicklungsverlauf. Das, was es wirklich kann oder fast schon kann, ist der eigentliche Maßstab. Daran sollten Sie anknüpfen und Anregungen finden, die Ihrem Kind guttun und in seine eigene Entwicklung passen.

Bildung im zehnten Monat

Interaktion wird intensiver

Jetzt kann Ihr Kind schon sehr genau seine Umwelt wahrnehmen. Es imitiert Gesichtsbewegungen, Grimassen und Mundbewegungen seines Gegenübers. Sie selbst können noch genauer am Gesichtsausdruck Ihres Kindes erkennen, wie es sich fühlt. Das Kind spielt jetzt auch mit Ihnen, es gibt Ihnen eine Sache und behält sie dann doch fest in den Händen. Manchmal bekommen Sie aber tatsächlich etwas „geschenkt".

- Geben Sie Ihrem Kind ein Tuch in die Hände, damit es sich dahinter verstecken kann, und freuen Sie sich, wenn Sie das strahlende Gesicht Ihres Kindes hinterher wiedersehen!
- Verstecken Sie sich selber mit halber Gesichtshälfte hinter einem Vorhang und kommen Sie dann mit ganzem Gesicht zum Vorschein!
- Machen Sie Spielchen mit der Zunge und den Lippen! Sie werden sehen, dass Ihr Kind das spaßig findet, wenn Sie derartige „Faxen" machen. Denn es hat schon erkannt, wie die „richtige" Mundstellung sein muss.
- Spitzen Sie Ihren Mund zum Kuss! Das regt Ihr Kind an, das nachzumachen.
- Wenn Ihr Kind Ihnen seine Zuneigung zeigt, erwidern Sie diese Gefühle! So entsteht ein wechselseitiges Wachsen von Sympathie.

- Zeigen Sie immer deutlich, was Ihnen gefällt, damit Ihr Kind Ihnen dann dieses Verhalten auch zeigen kann!
- Ihr Kind fängt allmählich an, die Sprache zur Kontaktaufnahme zu nutzen. Es sagt „Mamama“ und freut sich, wenn Sie auch darauf mit „Ja“ oder „Hier“ antworten.
- Es kann vorkommen, dass Ihr Kind Ihnen Gegenstände wie Holzklötze in den Mund stecken will. Versuchen Sie, es nicht abzuweisen, sondern benennen Sie klar die Sache wie Bauklotz oder Stoffpuppe.
- Das Kind merkt jetzt schon, was Ihnen gefällt und was nicht, und versucht, Ihnen eine Freude zu machen. Zeigen Sie ganz deutlich Ihre Freude, wenn Sie eine Spielsache in die Hand gelegt bekommen! Dann merkt Ihr Kind, dass Freude geben auch tatsächlich Freude hervorbringt.
- Wenn Ihr Kind eine Sache wieder zurückzieht, die es Ihnen schon zu reichen begonnen hat, dann zeigen Sie durch Stirnrunzeln oder andere Reaktionen, dass Ihnen das nicht gefällt! Ihr Kind soll verschiedene emotionale Äußerungen Ihrerseits kennenlernen.
- Der Spiegel wird jetzt nicht nur interessantes Objekt des Anschauens und Staunens, sondern auch des Kommunizierens mit dem eigenen Abbild. Geben Sie Ihrem Kind Ruhe und Zeit, damit es das Baby im Spiegel anlächeln kann!
- Versuchen Sie, eine Gruppe von Gleichaltrigen zu finden, die sich in regelmäßigen Abständen trifft! Sie werden erstaunt sein, wie viel Blickkontakt, Beobachtung, Nachahmung und gemeinsame Aktivitäten in dieser

Altersstufe schon vorkommen. Sehen Sie diese Gelegenheiten als kostbare Augenblicke des sozialen Lernens für Ihr Kind an!

- Ihr Kind reagiert auf Sprache und Singen, indem es selbst singsangartige Silben hervorbringt. Stärken Sie dies durch Vortragen leichter Reime und durch Singen einfacher Lieder!

Es ist faszinierend zu sehen, wie aufmerksam Kinder schon im Säuglingsalter auf andere Kinder reagieren. Solche Treffen mit Eltern gleichaltriger Kinder bedeuten keineswegs nur zusätzliche Anstrengungen, sondern bieten auch Erleichterungen. So lassen sich mit den anderen Eltern Absprachen treffen, wer wann auf welches Kind aufpasst, damit es sich jeder mal gönnen kann, etwas Zeit für sich zu genießen. Das tut Ihnen gut und damit auch Ihrem Kind.

Etwas bewirken wollen

Säuglinge in diesem Alter sind schon so weit, dass sie die Welt selber bewegen wollen. Sie genießen es, wenn Sie Dinge finden, die sie selber verändern können. Und sie können bereits mit zehn Monaten Handlungen genau in einzelne Schritte untergliedern: ein Ding anfassen, es hochheben und in den Mund stecken, um es anschließend wieder zurückzulegen. Damit gewinnen die Babys die Fähigkeit, Abläufe selbst zu steuern und sich die Dinge der Welt zielgerichtet zu nehmen. Die Welt ist voll von derartigen Objekten.

- Wenn Sie mit Ihrem Kind im Baumarkt sind, dann geben Sie ihm doch mal eine Malerrolle in die Hand! Sie werden sehen, wie es juchzt, wenn es mit leichten Berührungen die Rollen zum Rollen bringen kann.
- Besonders große Freude bereitet es Kindern in diesem Alter, Türme von Bauklötzen einstürzen zu lassen! Der Effekt durch eine einfache Handbewegung ist groß, und Ihr Kind erfährt sehr anschaulich, was das bewirken kann.
- Viele Kinder zeigen mit dem Finger auf Dinge. Schauen Sie genau hin, welches Ding gemeint sein könnte, und sagen Sie den Namen dieses Objektes!
- Manchmal beißt Ihr Kind auf Ihren Finger. Das kann sogar schmerzhaft sein. Ziehen Sie den Finger sofort aus dem Mund und zeigen Sie, dass Sie sich das nicht gefallen lassen! Äußern Sie dabei auch Ihren Schmerz, damit das Kind die Konsequenzen erkennt!
- Geben Sie dem Kind Gegenstände, mit denen es selbstständig Geräusche machen kann!
- Lassen Sie das Kind allein mit dem Löffel versuchen, Brei zu essen! Es wird zwar viel verschmieren, aber das Gefühl, mit so einem komplizierten Werkzeug wie dem Löffel erfolgreich umgehen zu können, stärkt das Selbstbewusstsein.
- Wenn Ihr Kind auf Ihrem Schoß sitzt, können Sie auf die Tischplatte kleine ungefährliche Gegenstände legen. Es wird nicht lange dauern, dann versucht Ihr Kind mit Zeigefinger und Daumen („Pinzettengriff"), manchmal

auch mit Mittelfinger und Daumen diesen Gegenstand aufzunehmen und an einen anderen Platz zu legen.

- Manchmal versucht es, die Spielsache, den kleinen Löffel oder einen anderen Gegenstand herunterfallen zu lassen. Es freut sich merklich, dass es Sie jetzt zum Bücken und Aufheben bewegt hat.
- Kinder in diesem Alter lieben es, Dinge zu ordnen und auch wieder auseinanderzunehmen. Geben Sie ihm Dosen, Schachteln und andere Behältnisse und lassen Sie es kleine Dinge hineinlegen. Ihr Kind wird dabei äußerst eifrig zur Sache gehen.

Seien Sie nicht genervt, wenn Ihr Kind immer wieder etwas nimmt und es in den Mund steckt! Betrachten Sie dies als notwendige Schritte zum Intelligenzaufbau! Dann können Sie mit mehr Gelassenheit die Erkundungsgänge beobachten und sich darüber freuen.

Handlungen imitieren lassen

Es wird sehr deutlich, dass Ihr Kind größer werden will. Es imitiert immer häufiger Ihre Bewegungen und Handlungsabläufe. Auch andere Erwachsene werden beobachtet und imitiert.

- Zeigen Sie mit dem Finger auf Dinge, die Sie besonders interessant finden: Ihr Kind wird versuchen, die Bewegung nachzumachen.

- In dieser Zeit sind bei vielen Babys schon die ersten Zähne zum Vorschein gekommen. Jetzt ist es wichtig, das Zähneputzen vorzubereiten. Nehmen Sie Ihr Kind mit ins Bad, wenn Sie Ihre Zähne putzen! Geben Sie ihm Kind eine Babyzahnbürste in die Hand und animieren Sie es durch eigenes gut sichtbares Zähneputzen, es Ihnen nachzumachen!
- Winken Sie sehr deutlich, wenn Gäste gehen, und fordern Sie Ihr Kind auf, das auch zu tun!
- Wenn Sie mit dem Finger auf eine Sache zeigen, werden Sie feststellen, dass Ihr Baby beginnt, diesen Gegenstand selber mit dem Auge zu suchen.
- Unterstützen Sie jedes „Nein" mit einem Kopfschütteln und jedes „Ja" mit Nicken!
- Bieten Sie mehrere Gesten an, die eine bestimmte Bedeutung haben wie das „Bitte, bitte"-Zeichen mit den Handflächen oder das Warnen mit dem Zeigefinger!
- Begleiten Sie alles, was Sie tun, mit Sprache! Ihr Kind soll nicht nur nachmachen, sondern auch verstehen, was es tut und warum.
- Begrüßen Sie andere Menschen in Gegenwart Ihres Kindes besonders deutlich mit Handschlag oder mit Umarmung! Diese kulturell wichtigen Gesten sollten klare Handlungsmuster für Ihr Kind darstellen.
- Es möchte auch Tassen und Gläser an den Mund nehmen wie die Erwachsenen. Sicherer ist es, dem Kind eine Schnabeltasse anzubieten. So kann es dann wie die Erwachsenen selbstständig trinken.

Das Imitieren hat in unserem Denken über Lernen keinen besonders hohen Stellenwert. In der Waldorfpädagogik ist das anders, dort wird für die ersten Lebensjahre das Imitieren als die wichtigste Lernform angesehen. Unabhängig davon, ob diese Theorie stimmt, können wir doch feststellen, dass das Imitieren mindestens einen Teil des kindlichen Lernens ausmacht. Stehen Sie also dazu, dass Ihr Baby viel durch Imitieren lernen kann.

Auf dem Weg zum Aufrichten

Viele Kinder im zehnten Monat sitzen schon mehrere Sekunden allein und genießen es, Spielsachen von einer Hand in die andere zu legen. Wenn sie durch den Raum krabbeln, nutzen sie oft die Gelegenheit, sich an Stuhl- oder Tischbeinen oder Kinderbettgitterstäben allein zum Stehen hochzuziehen. Das ist ein Zeichen, dass das Stehen und Gehen nicht mehr lange dauern.

- Lassen Sie Ihr Kind viel auf dem Teppich herumkrabbeln und geben Sie ihm Gelegenheit, selber neue Bewegungsformen auszuprobieren!
- Wenn Ihr Kind auf dem Teppich sitzen will, geben Sie ihm Spielsachen, die es in beide Hände nehmen kann! Zwei Klangkugeln können wunderbar gegeneinander geschlagen werden und gleichzeitig Musik erzeugen.
- Beobachten Sie, was Ihr Kind bei Treppen macht! Geben Sie ihm die Gelegenheit, auch rückwärts herunterzustei-

gen, aber bleiben Sie dicht bei ihm, um es gut zu stützen, wenn es zu stürzen droht!

- Geben Sie Ihrem Baby die Gelegenheit, sich an Ihren Beinen hochzuziehen, indem Sie auf dem Teppich ruhig stehen bleiben, während das Kind um Sie herum auf dem Boden krabbelt!
- Verbieten Sie es nicht, wenn das Kind Möbel anfasst, um sich mit dieser Stütze seitlich vorbeizubewegen! Machen Sie Borde oder Vorsprünge an Möbeln verletzungsfrei! Aber lassen Sie dem Kind diese selbst gewählte Trainingsmöglichkeit für Knie- und Fußmuskulatur für das spätere Gehen! Bleiben Sie hinter dem Kind, um ein mögliches Fallen sanft aufzufangen!
- Lassen Sie Ihrem Kind die Bewegungsmöglichkeiten, die es sucht! Einige Kinder krabbeln mit Hand und Kniestützung, andere rutschen mehr. Manche wechseln immer von linker zu rechter Seite beim Abstützen auf Hand und Knie, manche bewegen sich ein wenig asymmetrisch. Einige Kinder benutzen schon die Fußsohlen als Stützfläche. Lassen Sie Ihrem Kind den eigenen Weg! Es weiß am besten, was der eigene Körper gerade will. Auch wenn das Kind nicht krabbeln will und kann, dann drängeln Sie es nicht. Es kann auch ohne diesen Zwischenschritt später laufen.
- Viele Kinder in diesem Alter mögen es gern, wenn sie sitzen und mit beiden Händen interessante Dinge begreifen können. Lassen Sie das Kind dies tun und legen Sie es nicht in Bauchlage, um das Krabbeln zu animieren!

In diesem Monat wird das Handeln und Denken immer mehr zweckgerichtet. Das Baby will jetzt aktiv lernen, indem es gern etwas nachmacht. Das Bestreben, irgendwann einmal hinaus in die Welt zu gehen, ist schon zu erahnen. Lassen Sie Ihrem Kind immer wieder die Möglichkeiten, gleichzeitig bei Ihnen zu sein, Ihnen nah zu sein und dabei Neues zu entdecken. Machen Sie dem Kind viel an Bewegung und Handlungsmöglichkeiten vor! Schauen Sie genau, in welche Richtung das Lerninteresse Ihres Kindes geht und verstärken Sie das mit vielfältigen Varianten!

Mit beiden Händen interessante Dinge begreifen.

Bildung im elften Monat

Mein und dein – erste moralische Vorstellungen

Ihr Kind beginnt jetzt schon erste Wertvorstellungen herauszubilden. Neben dem Begriffspaar „freundlich-unfreundlich“ kann es bereits mehr beurteilen. Es beginnt Dinge nach „mein und anderes“ zu sortieren. Es meldet sich lautstark, wenn ihm eine Sache weggenommen wird.

- Spielen Sie mit Ihrem Kind das Wegnehm-Spiel, damit es erfährt, dass Dinge nicht immer zur Verfügung stehen, sondern auch in Auseinandersetzungen erworben werden! Achten Sie dabei darauf, dass dies ein Spiel bleibt und der ursprüngliche Zustand schnell wieder hergestellt wird!
- Respektieren Sie, wenn Ihr Kind schreit, weil Sie eine Sache weggelegt haben! Für das Kind ist dies so, als ob eine Sache wirklich weggenommen wird. Weil es langsam einen gewissen Eigentumsbegriff herausgebildet hat, ist der Protest berechtigt.
- Geben Sie Ihrem Kind seine Lieblingsspielsachen in die Hand und sagen Sie dazu: „Deine Kugel“, „Dein Glöckchen“, „Dein Hase“!
- Spielen Sie oft das Geben-und-Nehmen-Spiel! Geben Sie dem Kind beispeilweise einen Löffel, eine Metallkugel oder einen farbigen Holzstab in die Hand und bitten Sie um das Objekt, indem Sie Ihre eigene Hand öffnen! Zeigen Sie, dass Sie sich freuen, wenn Sie es erhalten haben, und geben Sie es dem Kind wieder zurück! So entsteht

ein Wechselspiel von „mein“ und „dein“, mit dem es lernt, dass der Verlust von Objekten für Ihr Kind nicht so schlimm ist, weil es ja eine Wiederkehr erwarten kann.

- Überziehen Sie nicht Ihre Erwartungen an das moralische Empfinden Ihres Kindes! Auch später kann ein Kind von einem Moment zum nächsten von einem Entwicklungsniveau auf ein längst überwunden geglaubtes zurückfallen. Schauen Sie, was Ihr Kind schon an Normen unterscheidet und knüpfen Sie daran an mit Ihren Anregungen! Aber machen Sie auf keinen Fall Zeigefingerpädagogik!

Die geheime Familiensprache beginnt

Ihr Kind beginnt jetzt, schon einfache Ausdrücke zu verstehen. Dabei ist es hilfreich, wenn Sie eine klare sprachliche Orientierung geben. In diesem Alter werden die ersten Wörter vereinzelt erkennbar, bei den meisten Kindern beginnt dies allerdings erst nach dem ersten Geburtstag. Doch besonders bei Mädchen lässt sich das Bilden von Wörtern manchmal schon im 11. Monat beobachten. Gerade die Wörter „Mama“ und „Papa“ sind oft recht früh zu erkennen. Es gibt jedoch auch Kinder, bei denen andere Wörter hörbar werden, wie „Krah“ für Kran oder „Ti-ta“ für „Uhr, die ticktack macht“.

- Bleiben Sie immer bei denselben Worten für bestimmte Dinge!
- Unterstützen Sie das, was Sie sagen, mit Zeichen, wenn es sich anbietet, oder durch Mimik!

- Viele Kinder zeigen auf Dinge der Umgebung und sagen „da". Antworten Sie mit dem Wort „da" beginnend, z. B. „Da ist eine Blume" …
- Sagen Sie, welche Person wohl an der Tür ist, wie „Die Oma kommt!" Sie werden sehen, dass diese Erwartung Ihr Kind animiert, zur Tür zu krabbeln.
- Benennen Sie immer die Spielsachen, die Sie in der Hand halten! Sie werden merken, dass Ihr Kleines dann den Kopf genau dorthin wendet, wo die Puppe, der Bär oder der Holzklotz sind. Es wird die Verbindung von Ihren Worten und den gemeinten Dingen durch Hin- und Herwenden des Kopfes immer enger knüpfen.
- Benutzen Sie stets dieselben Ausdrucksweisen, wenn Sie etwas von Ihrem Kind wollen! Das „Nein" für Grenzen seines Erkundungsdrangs lässt sich leicht merken. Aber ein Wort wie „Essenszeit" oder „Ham, ham" oder „Mmh, Essen" sollten Sie sich selber merken und möglichst oft in derselben Situation wie ein Signalwort wiederholen.
- Wiederholen Sie die Lieder und Tänze der ersten Wochen, damit das Kind einen sicheren Erfahrungsschatz hat!

Die Familiensprache besteht aber nicht nur aus Worten, sondern auch aus Gesten, Blicken und aus dem, wie man sich gibt. In dieser Zeit vor dem ersten Geburtstag wollen viele Babys so sein wie die Erwachsenen. Sie nehmen gern Papas Mütze oder Mamas Schal. Auch Schmuckstücke von Mama oder Brillen und Sonnenbrillen sind ein Ausdruck für die

Mit Sonnenbrille so groß sein wie Mama.

Überlegenheit der Erwachsenen. Kinder wollen ebenfalls mitmischen und lieben es, diese Accessoires selber aufzusetzen.
Gönnen Sie Ihrem Kind die Möglichkeit, sich selber so zu zeigen wie die Erwachsenen! Lassen Sie es versuchen, die Markenzeichen des Großseins zu tragen!

Erste soziale Auseinandersetzungen

Ihr Kind kann nun schon besser die soziale Welt verstehen. Es begreift Lob und Tadel. Auch das Wort „Nein" ist in seiner Bedeutung klar. Jetzt ist es bereits sehr darauf aus, Lob zu bekommen. Deshalb versucht es, Handlungen zu vollziehen, um seinen Eltern oder anderen Bezugspersonen zu gefallen und um von ihnen gelobt zu werden. Es kann jetzt nicht nur allgemeines Unwohlsein durch Weinen äußern, sondern bringt klar erkennbar seine Wünsche hervor. Es gelingt ihm, Verbote zu verstehen, aber auch den Kontakt zu Fremden abzulehnen. Viele Kinder in diesem Alter schaffen es, ihren Willen klar kundzutun. Sie können heftig protestieren, wenn etwas nicht zu ihren Vorstellungen passt. Bauen Sie diesen Entwicklungsstand in Ihre Anregungen ein, damit Ihr Kind noch besser lernt, sich sozial auseinanderzusetzen.

- Loben Sie Ihr Kind immer wieder, wenn es etwas gemacht hat, was Sie angeregt haben! Wenn Sie sagen: „Gib mir den Stab!" und Sie erhalten ihn tatsächlich, sollten Sie das durch ein spürbares Lob verstärken.

- Sagen Sie laut und klar „Nein“, wenn das Kind Dinge anfassen will, die kaputtgehen könnten! Sie werden sehen, dass Ihr Kind Sie danach sofort anschaut und gleich wieder versucht, den verbotenen Gegenstand zu ergreifen. Mit einem erneuten „Nein“ können Sie deutlich machen, dass es hier nicht um eine Verhandlung geht, sondern um eine echte Grenze.
- Loben Sie generell das Können Ihres Kindes, wenn Sie sehen, dass es sich dafür sehr angestrengt hat!
- Wenn Ihr Kind sich weigert, die Jacke anzuziehen, versuchen Sie durch Begründungen und zusprechende Worte, die warme Kleidung durchzusetzen, damit es merkt, dass sein Protest wahrgenommen wird!
- Spielen Sie immer wieder bestimmte Bewegungs- und Mimikspiele! So bereitet es Babys in diesem Alter in der Regel ein großes Vergnügen, wenn Sie das Spiel „Alle Vögel fliegen hoch“ in einer einfachen Version spielen, bei der Sie mit den Handflächen auf die Tischplatte schlagen und beim Wort „hoch“ die Arme in die Höhe erheben.

Auch wenn Sie später möchten, dass Ereignisse differenzierter betrachtet werden sollen, ist für den Anfang ein klarer Kontrast zwischen „gut“ und „böse“ sowie „Ja“ und „Nein“ wichtig. Wenn Ihr Baby erst einmal diese Gegensätze kennengelernt hat, wird es leichter sein, zu einem anderen Zeitpunkt auch Zwischenformen zu verstehen.

Die Aufmerksamkeit steigt

Ihr Kind ist jetzt mittlerweile merkbar hellwach. Es weiß genau, dass ein ausgestreckter Finger auf etwas hinweist, und folgt einem Finger mit seinen Augen so lange, bis es das Objekt sieht, das ihm gezeigt wird. Es sieht sich gerne Bilderbücher an. Manchmal kann es sogar schon mit dem Finger auf bestimmte Bilder zeigen, wenn es gefragt wird: „Wo ist das Auto?" oder „Wo ist das Haus?" Es kann auch erkennen, was auf dem Fernsehschirm zu sehen ist, und schaut aufmerksamer zu.

Ihr Kind sucht nach Dingen, die vor ihm versteckt worden sind, und kann sie wiederfinden. Überhaupt ist das Verstecken, Verschwinden und Wiederfinden ein lustiges Spiel für das Kind. Klare Aufforderungen kann es schon manchmal begreifen. Wenn Sie sagen: „Gib mir den Stein!", bekommen Sie ihn manchmal gereicht.

- Spielen Sie immer wieder Versteckspiele: Das beliebte Kuckuck-Spiel, bei dem Ihr Gesicht verschwindet und wieder sichtbar wird, hat hohe Reize! Oft lacht ein Baby laut, wenn es wieder das geliebte Gesicht sieht.
- Besonders variantenreich sind die Versteckspiele, wenn Sie Ihr Gesicht hinter einem transparenten Tuch verschwinden lassen oder hinter einem Blumenstrauß, sodass das Kind noch ein wenig vom Gesicht sieht und viel sicherer weiß, dass Ihr Gesicht nicht „verloren" ist.
- Zeigen Sie Ihrem Kind, wie man zwei Holzklötze aufeinanderlegt! Es kann sein, dass es dies gleich imitiert.

- Geben Sie ihm Spielsachen mit verschieden geformten Öffnungen! Sie werden sehen, dass es Sie allmählich imitiert, wenn Sie in die dreieckige Öffnung immer den dreieckigen Holzklotz hineinwerfen.
- Lassen Sie das Kind vertraute Stimmen von Oma, Onkel oder Freunden am Telefon hören!
- Gebrauchen Sie immer wieder bestimmte Signalwörter, damit Ihr Kind diese erkennt und entsprechend handeln kann! Sagen Sie „tschüss“, wenn Sie sich verabschieden, und winken Sie in diesem Augenblick!
- Machen Sie es vor, wie man zwei Holzstäbe gegeneinanderschlagen kann, um ein Geräusch zu erzeugen! Bald kann Ihr Kind die Stäbe selbst so anschlagen, dass ein Klang ertönt.
- Kinder wollen in diesem Alter Dinge verändern. Geben Sie Spielsachen, von denen kleine Dinge einfach abnehmbar sind! Sie werden am Juchzen merken, welche Freude es selber hat, Details zu verändern.
- Versuchen Sie, verschiedene Geräusche zusammen mit Ihrem Kind herzustellen! Sie können beispielsweise mit dem Finger auf die Tischplatte trommeln oder mit einem Baustein auf den anderen klopfen. Ihr Kind wird versuchen, Sie nachzuahmen.
- Schützen Sie das Kind vor Reizüberflutung, und lassen Sie den Fernseher ausgeschaltet, wenn es in der Nähe ist! Es hat schon genug zu verarbeiten, wenn es eine dreifarbige vielförmige Spielsache vor Augen hat.

Die Kommunikations- und Interaktionsfähigkeit steigt

Die Laute Ihres Kindes werden immer klarer und vielfältiger. Bei manchen klingt es nach „Leilileililei", bei anderen nach „Ahahaha" oder auch nach „Weiweiweiwei". Ihr Kind kann jetzt immer mehr verstehen und versucht, das nachzumachen, was die Erwachsenen vormachen. Dies kann ihm riesigen Spaß bereiten. Deshalb sollten verschiedene Interaktionsspiele mit Ihrem Kind praktiziert werden. Das Kind versteht auch beim Anziehen, was jetzt folgt und kann – wenn es will – den Arm beim Anziehen der Jacke bewusst beugen oder strecken. Beim Ausziehen kann es schon voraussehen, dass bald die Mütze dran ist und manchmal zieht es diese selber herunter.

Ihr Kind kann seit der Fremdelphase Angst immer klarer ausdrücken. Sie sehen es an seinen Reaktionen. Respektieren Sie seine Angst!

- Klatschen Sie in die Hände, wenn Ihnen etwas gefallen hat, und lassen Sie Ihr Baby dies nachmachen!
- Klatschen Sie auf die Tischplatte und warten Sie, bis Ihr Kind mitmacht!
- Mit Bällen und Kugeln kann schon wunderbar Interaktion angebahnt werden. Rollen Sie einen Ball auf das Kind zu und lassen Sie es auch den Ball durch Berührung in Ihre Richtung rollen!

- Wiederholen Sie die Laute des Kindes weiterhin als Antwort der Verständigung und sagen Sie auch „da-da-da-da-da" in einem verstehenden Ton, wenn es diese Laute ausgerufen hat!
- Winken Sie, wenn Menschen Ihre Wohnung verlassen, und geben Sie Ihrem Kind die Gelegenheit, dies zu sehen und nachzuahmen!
- Besonders Teelöffel sind beliebte Spielsachen. Geben Sie Ihrem Baby die Chance, auch Sie zu füttern und den Löffel in Ihren Mund zu stecken!

Beobachten Sie genau, wenn Ihr Kind vor etwas Angst hat! Versuchen Sie einzugrenzen, was es ist! Ist es nur der Nachbarshund oder sind es alle großen Hunde? Versuchen Sie, das Kind nicht Objekten auszusetzen, vor denen es Angst hat, sondern nehmen Sie es schützend in den Arm! Wenn ein Kind Angst äußert, will es auch ernst genommen werden.

Bildung im zwölften Monat

Spiel und Rhythmus

Ihr Kind beginnt jetzt immer häufiger, Spaß am Spiel offen zu zeigen. Es lacht, wiegt sich hin und her und hat sichtlich Freude an Rhythmen. Diese spielerische Neigung sollte voller Freude gemeinsam ausgelebt werden. Denn das Spielen ist die Basis des Lernens. Das Kind spielt aus sich heraus, es will etwas tun. Und das ist die beste Basis fürs Lernen.

- Wenn Ihr Kind Freude am Klatschen hat, dann sollten Sie mit ihm mit klatschen und diesen Spaß verstärken! Ein Klatschkonzert am Familientisch kann ein wirkliches Glückserlebnis werden.
- Klopfen Sie mit dem Teelöffel mehrfach einen bestimmten Rhythmus auf die Tischplatte, z. B. lang-lang-kurz-kurz! Sie werden sehen, dass Ihr Kind dies auch nachzumachen versucht.
- Lassen Sie Ihr Kind lustvoll seinen Körper erleben! Spielen Sie mit ihm Schaukelspiele, indem Sie das Kind in der Luft hin und her wiegen.
- Lassen Sie sich Zeit beim gemeinsamen Spiel! Legen Sie geduldig Bauklötze auf den Holzwagen, wenn Ihr Baby es liebt, sie wieder herunterzunehmen! Entdecken Sie dabei, wie viel das Kind beim Spielen lernt! Freuen Sie sich mit!
- Es gibt so viele Dinge aus Plastik in Reichweite Ihres Kindes. Nehmen Sie den Deckel der Flasche oder die Abdichtungsplatte in die Hand und geben Sie einen Rhythmus

auf der Tischplatte vor! Schon bald wird Ihr Kind Ihnen den Gegenstand aus der Hand nehmen und auch ein Klopfkonzert veranstalten. Am Ende können Sie ruhig wie bei einem echten Konzert klatschen.

- Begleiten Sie das Tun immer wieder mit rhythmischen Sprüchen wie „bergauf, bergauf, bergauf, auf, auf". Viele dieser Sprüche stoßen in diesem Alter auf große Begeisterung.

Schauen Sie also genau auf Ihr Kind, was es selber tun will, und geben Sie ihm die Anregungen, die es von sich aus verlangt! So bleiben Sie bei der Lernfreude des Kindes und stülpen ihm keinen „Kurs" auf. Nur was vom Kind kommt, kann sich wirklich weiterentfalten.

Gruppenlernen

Kinder brauchen Kinder. Dies gilt schon für das Säuglingsalter. Schon mit fünf Monaten können Babys andere Gleichaltrige sehen, einschätzen und mit ihnen umgehen. Gegen Ende des Säuglingsalters wird die Gleichaltrigengruppe immer wichtiger. Allerdings ist nicht alles harmonisch in solchen Gruppen. Deshalb sollten Erwachsene das Geschehen immer beobachten und notfalls schützend eingreifen.

- Geben Sie in der Babygruppe viele verschiedene spannende Dinge auf die Decke in der Mitte! Dann ist es nicht so bitter, wenn ein Baby einem anderen das interessante Spielzeug aus der Hand nimmt.

- Greifen Sie sofort ein, wenn ein Kind das andere beißt oder verletzt! Auch wenn diese „Angriffe“ nicht in böser Absicht geschehen, so sind sie doch im wahrsten Sinne des Wortes verletzend.
- Erwarten Sie nicht, dass die Babys in diesem Alter schon miteinander spielen können! Aber die Erfahrung von verschiedenen Reaktionen der anderen Kinder ist eine wichtige Basis für späteres Kooperieren beim Spiel.

Eines der wichtigsten Lernprinzipien in der Kindergarten- und Schulzeit ist das Lernen der Kinder von anderen Kindern. Dieses produktive Lernen kann schon im Säuglingsalter beginnen. Geben Sie Ihrem Kind immer wieder die Gelegenheit, andere Kinder zu beobachten und daraus zu lernen.

Bewegung

Jetzt versucht Ihr Kind vielleicht schon, einige Schritte an Ihrer Hand zu gehen. Entwickeln Sie keinen falschen Ehrgeiz, dass es früh laufen können muss! Lassen Sie dem Kind selbst die Entscheidung, wann es was kann! Aber die Bewegung insgesamt ist wichtig. Aus der Bewegung erwächst das Selbstbewusstsein, weil das Kind durch Bewegung mit sich und der Welt in Einklang kommt.

- Legen Sie Ihrem Kind interessante Dinge auf den Teppich, damit es immer wieder angeregt wird, sich durch Krabbeln fortzubewegen und damit eigenständig und nicht abhängig von der führenden Hand Erwachsener wird!

- Lassen Sie Spieluhren, Stehaufmännchen, Xylofone und andere interessante Spielsachen weit weg vom Baby erklingen, damit es Anlass hat, sich viel zu bewegen, um dorthin zu gelangen!
- Suchen Sie im Freien große Flächen aus, auf denen Ihr Kind gefahrlos herumkrabbeln kann! Wiesen, große Sandflächen und glatt polierte Marmorböden bieten jeweils unterschiedliche sinnliche Erfahrungen und gleichzeitig das Gefühl für das Kind, richtig viel geschafft zu haben. So erfährt es, dass es sich selbst in der Welt immer mehr heimisch fühlen kann.
- Achten Sie auf die Hand Ihres Kindes, meist will es damit sagen, ob es an der Hand gehalten oder hoch genommen werden will! Lassen Sie ihm auf dem Arm viele passive Bewegungserfahrungen, schwingen Sie es hin und her, werfen Sie es ein wenig nach oben, lassen Sie es kopfüber an den Beinen festgehalten hängen, lassen Sie es über Ihrem Kopf kreisen! Beobachten Sie, ob diese Bewegungserfahrungen lustbetont sind oder ihm Angst bereiten und reagieren Sie entsprechend!
- Wenn Ihr Kind jetzt schon selbstständige Gehversuche macht, dann reichen Sie ihm die Hand! Aber lassen Sie es erst mal so intensiv wie möglich krabbeln, denn damit kann das Kind schnell und gefahrlos die Welt für sich erobern.

Setzen Sie sich und Ihr Kind nicht unter Leistungsdruck, indem Sie immer wieder versuchen, das Gehen anzuregen. Ihr Kind wird schon laufen, wenn seine Zeit gekommen ist. Das wird durch Druck nicht eher passieren.

Echte Interaktionen beginnen

In diesem Alter werden nicht nur die Spielsachen betrachtet, sondern auch die Menschen im Raum. Ihr Kind beobachtet Ihr Verhalten sehr genau und achtet darauf, wie Sie reagieren, wenn es etwas getan hat.

- Reagieren Sie immer klar und eindeutig! Wenn Sie nicht wollen, dass das Kind gegen die Glasvase stößt, dann stellen Sie diese weg oder sagen klar und eindeutig „Nein". Sie werden merken, dass das beim Kind ankommt, auch wenn es sich beim nächsten Mal vielleicht wieder an derselben Vase versucht.
- Geben Sie dem Kind kleine Spielsachen in die Hand, damit es den Austausch zwischen Ihnen und ihm spürt und sagen Sie dabei: „Bitte, für dich!"
- Versuchen Sie, beim Spiel Ihres Kindes miteinbezogen zu sein! Bitten Sie: „Gib mir den gelben Klotz!" und zeigen Sie mit der Hand, dass Sie den Klotz haben möchten. Nicht immer, aber doch immer häufiger gelingt das schon in diesem Alter.
- Zeigen Sie mimisch, ob Sie etwas bewundern oder ob Sie staunen, wenn Ihr Kind etwas macht! Sie werden sehen, dass Ihr Kind darauf reagiert.

- Ihr Kind möchte etwas bewirken und erreichen. Es liebt Spiele, bei denen es Ihnen einen Gegenstand in die Hand gibt und wieder zurückholt.
- Lassen Sie es zu, wenn Ihr Kind auf Spielplätzen, an Stränden oder sonstigen öffentlichen Orten auf fremde Kinder zugeht! Dies zeigt, dass Ihr Kind das andere Kind als seinesgleichen erkannt hat und mit ihm Kontakt aufnehmen will. Seien Sie freundlich unterstützend dabei und denken Sie nicht an Normen Erwachsener, dass man nur mit jemandem Kontakt aufnimmt, der einem bereits vorgestellt worden ist.

Innere Bilder werden klarer

Jetzt kann das Kind sich schon wundern über Dinge, die plötzlich verschwinden und danach suchen. Es weiß, dass der Teelöffel auf der Tischdecke lag, und auch, dass er sich nicht in Luft aufgelöst hat, wenn er nicht mehr zu sehen ist, sondern heruntergefallen ist.

- Lassen Sie Spielsachen, die vorher auf dem Teppich lagen, einfach hinter Ihrem Rücken verschwinden! Sie werden sehen, dass Ihr Kind um sie herumkrabbelt, um diese zu finden.
- Legen Sie einen kleinen Gegenstand unter ein transparentes Tuch! Das kann ein Löffel oder eine Tasse, ein Bauklotz oder eine Mandarine sein. Dann fragen Sie: „Wo ist der Löffel?" Warten Sie, ob das Kind darauf zeigt, dann antworten Sie: „Da ist der Löffel!"

- Die Sprache ist ein wichtiges Mittel, Dinge zu erkennen. Wiederholen Sie immer wieder klar das Wort, wenn Ihr Kind auf eine Sache zeigt!
- Wenn Ihr Kind etwas sagt, das Sie für ein sinnvolles Wort halten, dann wiederholen Sie dies klar! Wenn es zu seinem Vater z. B. „Bababa“ sagt, dann sagen Sie: „Das ist der Papa!“
- Rufen Sie Ihr Kind beim Namen, wenn Sie ihm etwas Interessantes zeigen wollen! Sie werden merken, dass es allmählich immer deutlicher auf den eigenen Namen reagiert. Es weiß allmählich, dass es das Kind ist, das zum Namen Marie, Leon, Leonie oder Lucas „gehört“.
- Verwandeln Sie den Anblick Ihres Gesichts! Setzen Sie einen Hut auf! Verdecken Sie mit der Krempe Ihre Augen und lassen Sie diese wieder sehen!
- Verdecken Sie mit den Händen Ihr Gesicht und lassen Sie es kurz danach wieder sehen!

Auch die Fantasie steigert sich. Wenn Sie den Löffel mit Gemüsebrei, der eigentlich nicht so attraktiv auf Ihr Kind wirkt, wie eine Biene summend und kreisend durch die Luft am Mund Ihres Kindes ankommen lassen, dann ist dies möglicherweise eine attraktive Möglichkeit, die zum Essen motiviert, weil eine neue Erfahrung aktiviert wird. An der Wirksamkeit dieser „Tricks“ wird deutlich, dass die Kinder schon ein Bild davon haben, was „normal“ ist und auf theatralische Veränderungen zum erwarteten Bild mit Interesse reagieren.

Spielpyramide als Denkanregung.

Geschicklichkeit im Umgang mit Dingen steigt

Ihr Baby kann jetzt schon sehr kleine Dinge wie mit einer Pinzette zwischen zwei Finger nehmen und diese untersuchen.

- Geben Sie Ihrem Kind immer wieder auch kleine Bausteine, die es mit Geschick und Feingefühl mit zwei Fingern aufnehmen kann!
- Geben Sie farbig attraktive Bauklötze, die sich aufeinanderstapeln lassen! So fordern Sie Ihr Baby dazu heraus, zwei Klötze übereinanderzulegen.
- Auch Spielpyramiden, auf denen verschieden farbige Holzscheiben um die Mittelachse gesteckt werden können, eignen sich für das Auseinandernehmen und Zusammenstecken. Tipp: Leihen Sie derartige Spielsachen bei anderen Eltern aus!
- Lassen Sie Ihr Kind ruhig an Alltagsgegenständen, die ungefährlich sind, herumprobieren! Taschen, Bastuntersetzer, Serviettenhalter oder Schachteln sind wunderbare Dinge zum Öffnen, Knicken, Schließen, Umdrehen und Verstecken. Schauen Sie ruhig zu, was Ihr Kind damit machen will, und klinken Sie sich ab und zu ein wenig ein, wenn Sie damit nicht seine Konzentration stören!

- Geben Sie Ihrem Kind Schlegel für ein Xylofon in die Hand! Sie werden sehen, dass es versucht, damit auf dem Xylofon schöne Klänge zu erzeugen.
- Lassen Sie Ihr Kind Dinge (zum Beispiel eine leere Plastikflasche) in die Hand nehmen und auf den Boden werfen! Besonders spaßig ist dies, wenn die Flasche ein Geräusch beim Aufprall auf dem Boden macht. Das erhöht die Freude, etwas erreicht zu haben.
- Geben Sie Ihrem Kind die Gelegenheit, mit formbaren Materialien wie Sand, Matsch und kleinen Steinchen umzugehen! Sie werden sehen, dass es sich daraus verschiedene Formen bildet.

Sie sehen an der Vielzahl der Handlungsanregungen, dass dies nur Beispiele sind. Sie können selbst viele mögliche Varianten entwickeln. Wichtig ist nur, dass Sie darauf achten, dass Ihr Baby ganz vielfältig in seiner Entwicklung angeregt wird. Nehmen Sie die Dinge und Gelegenheiten des Alltags als Anlass für Anregungen wahr! Beobachten Sie Ihr Kind, was es können will und geben Sie ihm in diesem Streben Unterstützung! Denn Lernen kann nur erfolgreich sein, wenn es an den Lernbedürfnissen anknüpft. Und diese kommen aus Ihrem Baby heraus und bei genauer Beobachtung können Sie sie erkennen.

Wichtige Tipps zum Schluss

In diesem Buch finden Sie viele mögliche Anregungen für Ihr Baby. Dennoch sollten Sie es nicht als „Rezeptbuch" verstehen und sich Sorgen machen, wenn Ihr Kind die Vorschläge zu dem angegebenen Zeitpunkt noch nicht umsetzen konnte.
Hier noch einmal wichtige Ratschläge in der Übersicht:

So sollten Sie als Eltern denken

Wichtig bei allen Empfehlungen ist, dass Eltern sich nicht unter Druck setzen lassen. Sie müssen selbst zufrieden sein und in Ruhe das Zusammensein mit den Kindern genießen. Die eigene Lust und die des Babys sind der eigentliche Motor zur Entwicklung.

- Genießen Sie das Leben mit dem kleinen Erdenbürger! Werden Sie nicht zum Animateur, der Anregung über Anregung bietet!
- Lassen Sie sich nicht durch Erwartungen von außen unter Stress setzen! Wenn Ihnen andere Mütter sagen, dass aus ökologischen Gründen Stoffwindeln besser sind, dann haben Sie kein schlechtes Gewissen, weil Sie Höschenwindeln verwenden! Denken Sie lieber daran, dass Ökobilanzuntersuchungen gezeigt haben, dass beim Waschen derartig viel Energie und Wasser verbraucht werden, dass Stoffwindeln keinesfalls die bessere Alternative sind. Bleiben Sie auch ohne Gründe bei dem, was für Sie am besten

ist! Selbstbewusste und ungestresste Eltern sind wichtig für ein Kind. Machen Sie sich klar: Stress kann auch durch die vielfältigen Erwartungen anderer Personen entstehen, denen man genügen will.

- Denken Sie daran, dass zur guten Entwicklung glückliche Menschen auf beiden Seiten gehören! Vergessen Sie nicht sich selbst! Ihre eigenen Interessen und Freunde sind wichtig für Sie, aber auch für Ihr Baby! Werden Sie keine Opfereltern!
- Ihr Leben ist die wichtigste „Lernfolie“ für Ihr Baby! Leben Sie froh und genießen Sie es, dass Sie das Glück haben, dieses Kind in Ihre Arme schließen zu dürfen! Das ist das Wichtigste für seine gute Entwicklung.
- Erkennen Sie an, dass Ihr Kind – und sei es noch so klein – schon denken kann! Versuchen Sie, die Denkwege zu erkennen, und werden Sie nicht zur Vordenkerin oder zum Vordenker des Kindes!

So entsteht Lernen

- Das Spiel des Kindes trägt zu seiner Entwicklung bei. Die Spielansätze des Babys gilt es zu verstärken, denn im Spiel liegt der Ursprung von Bildung.
- Das Baby muss aktiv sein dürfen, wenn die Bildung tief greifend erfolgen soll. Was das Kind hin und her bewegt, ist für es interessant und das sollte im Mittelpunkt stehen. Nur wenn das Kind sich mit der Welt handelnd auseinandersetzt, kann es auch lernen.

So sollten Sie Lernen fördern

- Erzwingen Sie nicht die nächste Entwicklungsstufe, sondern setzen Sie auf die kindliche Eigenaktivität! Richten Sie es nicht künstlich auf, sondern lassen Sie es krabbeln, so lange es das tun will!
- Beobachten Sie genau, welchen Entwicklungsstand Ihr Kind erreicht hat, und teilen Sie ihn regelmäßig anderen mit! Dadurch schärft sich Ihr eigener Blick für den Istzustand und Sie bringen damit gleichzeitig die angemessenen Entwicklungsimpulse leichter hervor.
- Achten Sie darauf, dass das Kind mit allen Sinnen auf seine Umwelt zugeht. Regen Sie alle Sinne an! So kann es sich umfassend entwickeln. Wahrnehmung ist ebenso wie Bewegung die Basis für die Selbstbildung eines Säuglings. Die Netzwerkbildung im Gehirn wird dadurch erhöht.
- Schauen Sie auf die kindliche Neugier Ihres Babys! Gehen Sie mit Ihrem Kind dieser Neugier nach! Dann kann das Kind noch intensiver weitere Orte und Gegenstände seiner Neugier entdecken.
- Verbieten Sie dem Kind nicht, Dinge anzufassen und zu ergreifen! Nur das Ergreifen führt zum Begreifen! Und aus dem Begreifen von Dingen entsteht allmählich die Sprache.
- Lassen Sie Ihrem Kind echte Erfolge! Wenn es eine Spielsache durch Greifen mit der Hand erreichen will, dann geben Sie es ihm nicht vorschnell in die Hand, sondern lassen Sie ihm ruhig mehrere Versuche, bis es dies selbst geschafft hat und auf die eigene Leistung stolz sein kann.

So sollten Sie gute Bedingungen für das Lernen schaffen

- Zwängen Sie das Kind zu Hause nicht in Sicherheitssitze ein! Der Mensch braucht von früh auf Bewegung, um zu lernen. Babys benötigen besonders viel Bewegung, um sich selbst weiterzubilden. Bewegung führt auch zu besserer Durchblutung des Gehirns, damit wird auch hormonell die Selbstbelohnung des Kindes gesteigert.
- Schützen und unterstützen Sie Ihr Kind in seiner Entwicklung, wo es nötig ist! Aber geben Sie ihm auch viele Entwicklungsräume! Das verwöhnte Kind hat keinen Anlass, sich nach draußen zu bewegen und dort die Umgebung zu erkunden. Schaffen Sie immer die richtige Balance zwischen Stützen und Anregung!
- Geben Sie Ihrem Kind viel Zeit! Es muss sich in Ruhe selbst entscheiden können, was es sehen will, wohin es sich wenden will. Bloße Reizüberflutung macht das Kind unruhig. Selbst gewählte Ziele werden aber besser erreicht.
- Machen Sie die Kindheit nicht zur Schule, sondern lassen Sie Ihrem Kind das eigene Spielen, Suchen und Entdecken!
- Setzen Sie also sich und Ihr Kind nicht unter Leistungsdruck! Entwickeln Sie alle Bildungsanregungen aus den alltäglichen Erfahrungen. Nur das gemeinsame Zusammenleben zählt. Aus einem reichen Bindungserleben mit dem Kind erwächst fast wie von selbst das Lernen. Der berühmte Pädagoge Johann Heinrich Pestalozzi hatte den Ansatz, dass das Lernen nicht allein der Schule über-

> lassen werden, sondern ein Kind auch durch die „Mutterschule“ gehen sollte, in der „Kopf und Hand“ gezielt gefördert werden. Denn nie lernt ein Mensch so viel wie in den ersten Lebensjahren, schon deshalb weil sie nicht aus Paukunterricht bestehen, sondern die Entwicklung organisch aus den gemeinsamen Erfahrungen erwächst.

Bleiben Sie also bei diesem Können und knüpfen Sie daran an. Versuchen Sie nicht, die Schule in den Kinderwagen zu holen, sondern machen Sie sich klar, dass in dieser Zeit das Lernen angeregt werden kann. Das, was Sie an Anregungen erfinden, wenn Sie Ihr Baby genau beobachten, wenn Sie merken, was es jetzt gerade können will, ist der eigentliche Weg zum Lernen und sollte auch für späteres Lernen ein leuchtendes Beispiel werden.

Weiterführende Adressen

Allgemeine Informationsseite zum Stillen und zu neuen Untersuchungen
www.stillen.de

Bundeszentrale für gesundheitliche Aufklärung
www.bzga.de

Ärztliche Informationen zu den Vorsorgeuntersuchungen
www.netdoktor.de/Gesund-Leben/Baby+Kind/Vorsorge

Familienhandbuch: Ratschläge und Informationen
des Instituts für Frühpädagogik
www.familienhandbuch.de

Informationen zum Elterngeld des Bundesministeriums
für Familie, Senioren, Frauen und Jugend
www.bmfsfj.de/Politikbereiche/familie,did=76746.html

Bundesarbeitsgemeinschaft
„Gemeinsam leben – Gemeinsam lernen e.V."
www.gemeinsamleben-gemeinsamlernen.de

Informationen zu Pflege, Stillen, Ernährung,
Gesundheit und Entwicklung von Babys
www.baby-zeit.de

Elternbildung in Österreich
www.eltern-bildung.at

Elternbildung in der Schweiz
www.elternbildung.ch

Bundesverband für Tageskinderpflege
www.tagesmuetter-bundesverband.de

Deutscher Bildungsserver:
Kinder unter drei Jahren in Kindertagesstätten
www.bildungsserver.de/zeigen.html?seite=3516

Kritik des Bundesinstitutes für Risikobewertung
an der EU-Richtlinie zu Kinderspielzeug
www.bfr.bund.de/cd/27579

Familienhandbuch: Staatsinstitut für Frühpädagogik
zu Chemie im Haushalt
www.familienhandbuch.de/cmain/f_Aktuelles/
a_Haushalt/s_1186.html

Informationen zum Babyschwimmen mit Adressensuche
www.babyschwimmen.de

Informationen zu ayurvedischer Babymassage
www.ayurvedische-babymassage.de

Alles über Vornamen
www.beliebte-vornamen.de

Kinderrechte
Informationsseite der National Coalition zur Umsetzung
der Kinderrechte
www.national-coalition.de

Autorenbiografie

Prof. Dr. phil. Astrid Kaiser wurde 1948 in Astfeld/Harz geboren. Die Erziehungswissenschaftlerin schloss 1970 in Hannover das Studium für das Lehramt an Volksschulen ab und studierte anschließend von 1970–1975 an der Universität Marburg Erziehungswissenschaft, Soziologie und Psychologie. Nach mehrjähriger Schulpraxis in Lohra/Mittelhessen und Kassel promovierte sie 1982 bei Prof. Dr. Wolfgang Klafki an der Universität Marburg. Zeitgleich wurde sie wissenschaftliche Mitarbeiterin an der Universität Bielefeld. Nach weiteren schulpraktischen Erfahrungen in Bielefeld übernahm sie 1992 die Vertretung der Professur für Grundschulpädagogik in Kassel. Danach arbeitete sie im Kultusministerium in Nordrhein-Westfalen. 1993 wurde Dr. Astrid Kaiser zur Professorin an der Universität Oldenburg ernannt. 1999–2002 war sie Mitglied des niedersächsischen Bildungsrates beim Ministerpräsidenten. Sie hat zahlreiche Forschungsprojekte geleitet und ist Autorin zahlreicher Bücher und Artikel. Dr. Astrid Kaiser ist verwitwet und hat zwei Söhne.

Register

humboldt

... bringt es auf den Punkt.

Peter Voitl

Kinderkrankheiten

Das Nachschlagewerk für Eltern

Alle Beschwerden und Behandlungen verständlich erklärt

humboldt – Eltern & Kind
420 Seiten, 77 Farbfotos,
14,5 x 21,5 cm, Broschur
ISBN 978-3-86910-610-6
€ 19,95

Bei kranken Kindern sind Eltern oft unsicher, was zu tun ist. Soll man bei Husten, Schnupfen und Co. immer direkt zum Arzt? Dr. Peter Voitl erklärt kompetent alle Kinderkrankheiten von A–Z. Mit seinem Ratgeber können Mütter und Väter leicht erkennen, was ihrem Kind überhaupt fehlt. Hier finden sie die richtige Pflege und Hilfe, damit ihre Kinder rasch und vollständig gesund werden.

Der Autor

Dr. med. Peter Voitl ist Facharzt für Kinder- und Jugendheilkunde. Er ist langjähriger Leiter der kinderkardiologischen Ambulanz und der Kinderintensivstation im Wiener Donauspital. Seit über zehn Jahren führt er auch eine eigene Praxis.

„Ein schönes Buch, das versucht, wirklich alle Aspekte des kindlichen Lebens, vom Embryo bis zum Jugendlichen, abzudecken."

Hessische Niedersächsische Allgemeine

www.humboldt.de

Stand Juni 2010. Änderungen vorbehalten.

humboldt

... bringt es auf den Punkt.

Dunja Voos

Kleine Kinder richtig verstehen

Woran Sie erkennen, ob sich Ihr Kind normal entwickelt

Für einen entspannten Start in die ersten vier Lebensjahre

humboldt – Eltern & Kind
192 Seiten
12,5 x 18,0 cm, Broschur
ISBN 978-3-86910-600-7
€ 9,90

Dieses Buch soll Ihr Vertrauen in sich und Ihr Kind stärken und somit für einen gelassenen Start in die ersten vier Jahre sorgen. Es nimmt Eltern die Angst, sie könnten zu viel falsch machen oder ein psychisch auffälliges Kind heranziehen.

Die Autorin
Dr. med. Dunja Voos ist freie Medizinjournalistin mit Schwerpunkt Psychosomatik, Tiefenpsychologie und Psychoanalyse. Die Fachärztin für Arbeitsmedizin ist Mutter einer kleinen Tochter.

„Die Lektüre dieses Buches beruhigt und stärkt ungemein für einen entspannten Start in die ersten vier Lebensjahre. Es zeigt, wie wenig ‚schuld' Eltern oft an schwierigen Phasen sind."

Schlawiner – Zeitschrift für Eltern in Leipzig

www.humboldt.de

Stand Juni 2010. Änderungen vorbehalten.